华章经管
HZBOOKS | Economics Finance Business & Management

戴明的新经济观

（原书第2版）

The New Economics

For Industry, Government, Education Second Edition

华 章 经 典 · 管 理

W. Edwards Deming

〔美〕W. 爱德华·戴明 著

钟汉清 译

机械工业出版社

China Machine Press

图书在版编目（CIP）数据

戴明的新经济观（原书第2版）/（美）戴明（Deming, W. E.）著；钟汉清译 . —北京：机械工业出版社，2014.1（2021.7 重印）

书名原文：The New Economics: For Industry，Government，Education

ISBN 978-7-111-45355-0

I. 戴… II. ①戴… ②钟… III. 新经济 – 研究 IV. F062.5

中国版本图书馆 CIP 数据核字（2013）第 319336 号

本书版权登记号：图字：01-2013-3793

戴明的新经济观（原书第 2 版）

出版发行：机械工业出版社（北京市西城区百万庄大街 22 号　邮政编码：100037）

责任编辑：王金强　　　　　　　　　　　　责任校对：殷　虹

印　　刷：北京建宏印刷有限公司　　　　　版　　次：2021 年 7 月第 1 版第 3 次印刷

开　　本：170mm×242mm　1/16　　　　　印　　张：12.5

书　　号：ISBN 978-7-111-45355-0　　　　定　　价：59.00 元

客服电话：（010）88361066　88379833　68326294　　投稿热线：（010）88379007

华章网站：www.hzbook.com　　　　　　　读者信箱：hzjg@hzbook.com

推荐序一
推荐序二
译者序
第 2 版说明
作者简介
前言

　　1993 年，W. 爱德华·戴明（下文简称戴明博士）生前最后数月，某天他跟孙子凯文·爱德华·卡希尔说，"他明知自己余生有限，有志未酬，无法完成一番独特的事业，深感无力回天、失望……"戴明博士知道，全球经济危机已迫在眉睫（他预言过），而大家却还没做好准备。戴明博士认为，"面临危机，光是每个人都尽力而为，还不能解决；首要工作，是让大家知道，他们该做些什么事，才能进行变革、转型"。他具备可协助各种事业、组织、个人去完成转型的系统和知识，不过，时间很有限了。

　　戴明博士去世 20 多年了，全球都在危机中挣扎（他预测过），我们对于他的学说的潜力和威力，了解仍然粗浅，还只算是浮光掠影。我们如果能进一步去理解、认识和应用他提倡的转型的"渊博知识系统"，就可以让各种事业、社区和个人的活力得以恢复，下一代领导者也会有机会去施展所长，能在快速发展的新世界中取得成功。

　　戴明博士相信他的这两本书，可提供转型之路的导引地图，让我们面对未来（而不是为了过去）能有所准备。

　　戴明博士的《转危为安》（*Out of the Crisis*，1982 年初版，1986 年改版），几乎可以说是一本点燃了全世界质量革命的大作。光是这一贡献，就足以让它赢得一席特殊的历史地位。当然，这本书的内容丰富，远超过一般质量管理的范围；它也包含一套关于人员、流程和资源等的全新的、与众不同的论述，可作为新型领导及管理方法的基础。

　　戴明博士的《戴明的新经济观》（*The New Economics*，1992 年初版，1993 年第 2 版）能提升各种组织的效能，达到全新的境界。我们可以从许多独立的分析报告知道，那些致力于研究戴明学说并加以应用的组织，得以转型，更为成功，业绩达到新水平。

　　这让我们有一番新认识、洞见：戴明学说，业已改变了全世界的企业，即使它们的应用仅止于"戴明的'技术'层面的质量管理"，甚至还谈不上去落实戴明提倡的"新管理哲学"。

　　上述这一区别是重要的，因为很多行业、产业在生产力和质量上都已"碰了壁"，要翻越这道危墙所需付出的代价，越来越贵了。各种组织通过戴明的"渊博知识系统"（The Deming System of Profound Knowledge ™ 在美国有专名注册专利）的学习和运用，有机会在管理方法上再次飞跃前进，正如它们第一次应用了技术层面的质量管理，取得了好成绩。

　　从《转危为安》的研读，我们可学到著名的经营和管理理念上的"十四要点和相关的管理绝症"。这一学习和应用的过程，将像去探索新天地之旅般有趣。此一旅程的导游，就是戴明博士——他是具独创性的思想家，如果世上真有创新者。我们在《戴明的新经济观》中将可继续此一探索之旅。你可从中学习到"戴明的渊博知识系统"（也称为"戴明管理方法和管理的新理念”）。

对于各种流行的管理学上的庸见、信仰，你已有某些先入为主的想法，那就让这两本书去挑战它们吧。

为什么这样说呢？因为至关重要的是，你要问自己这样的问题：如果你的管理方式，仅仅是跟随他人而已，那么你在竞争上，会有什么优势可言？

你可能犯了常见的错误，即自以为：既然复制了所谓的（业界）“最佳实践”，或者学了其他组织之所以成功的秘诀，就自认可高枕无忧了。然而，如果你采取了复制他人之法，并无法让你拥有持久的竞争力，那么这种因学了他人方法产生的安全感，会转瞬消失。复制他人之法，也不能让你洞察出：机会究竟是什么，以及自己组织的议题应该是什么。这些管理的洞识力，无法从流行的“最佳实践法”取得，而要靠其他截然不同的方法来取得。

我们了解，你可能担心自己并不知道如何去落实新管理法——它不同于“最佳管理实务法”。这样的担心，虽然是合理的，但请理解：其实我们说的新管理方法，其秘密就在《转危为安》和《戴明的新经济观》两书之中。事实上，这两本书中的每一个原理、每一个理论和实务都是正确的，已一次又一次被证明。书中的原理，都会助人成功，是可靠的、可重复的，又是一致的，它们远胜过目前流行的、有缺点的管理实务。

最近所作的历时多年和历时几十年的研究项目表明，戴明博士的转型方法，乃是最可以去永续发展的。事实上，根据每年在纽约市福特汉姆大学的“国际戴明研究研讨会”（Research Seminar at Fordham University in New York City）所提交的报告，最近，超过 400 种书籍和文章提到，戴明学说是有效的商业思想和实务，既与当今局势息息相关，又是重要无比的。

自 1982 年《转危为安》出版以来，世界局势变化很大，世界已大为不同了。然而，在管理上，戴明博士的学说一直可帮助我们去达成：生产力和质量的提升，更好资源的利用，并能在工作中获得更大的喜悦。

重要的是，世界的演进方式，正如戴明博士所预言的那样。

戴明博士预测过，企业界的流行管理法会风水轮流转，即隔一阵子就会分出当红的与过时的。自 1981 年以来，我们看过了"企业绩效标杆法""企业再造""确保雇用到顶级人才""适当的经营规模、人力""善用目标设定法来管理""善用奖金等种种激励法来管理""复制最佳实务"等流行方法。许多公司还花大钱，尝试去采用流行方式来"管理人才"，来预测员工的成功或失败，命令部属务必达成一定的执行成果。上述这些流行的管理招式，他们都尝试过了，也都失败了，或甚至让情况每况愈下，或者证明它们让人徒劳、破大财。

相比之下，戴明对于"更好的管理方式"的见解，则颇富洞识力，正如在《转危为安》刚出版时所主张的，直到今天，仍属颠扑不破的真理。同样，如果今天企业或组织能根据《戴明的新经济观》中的宏图去实践，仍会发现它很有帮助，很有威力。

事实上，戴明博士预测过：质量与成本两者可以兼得：既可打造出优质的产品和服务，又可降低成本。之前，当他提出这个概念，并解释为什么会这样时，几乎无人知晓。而现在，此一实务已广为世界各地所接受。在这个竞争超级激烈的世界里，如果企业能理解戴明学说并应用之，就可以大幅领先竞争对手。

在过去 50 年，日本的产品之所以有竞争力，戴明学说肯定是关键的因素。与此相反，许多美国、西方的公共和私营组织（机场出入境服务、教育系统、医疗机构、航空公司、汽车公司等）的绩效则日益恶化，原因可以归纳为，它们或是忽视戴明博士的洞识、知识，或是对其并不知晓。

重要的作者和思想领袖已认识戴明学说的价值。例如，彼得·圣吉（Peter Senge）在他的《第五项修炼》（*The Fifth Discipline*，2006 年修订版）中，承认了戴明博士的远见、卓识，又大大影响该修正版。吉姆·柯林斯（Jim Collins）在《强大企业如何倒下》（*How the Mighty Fall*，2009 年）中呼吁读者要明白，如果要想走出危机，必须回归"健全的管理实务"之路，包括德鲁克、波特、戴明和彼得斯、沃特曼等人的学说。

也许数以千计的公司都听了柯林斯的建议，我们当然知道（因为它们将公司的转型决策公开了），已有好几百家企业学习戴明学说并力行之，取得了很好的成绩。

新加坡国立大学的黄幸亮教授（Professor Brian Hwarng）曾在中国的企业高管课程中，将"戴明博士的各种警告"教给学员：要避免盲目抄袭美国、西方管理界所谓的"最佳实务法"，或一味去追求"收益管理"，此法固然在短期内可取得成果，但长期而言，更可能会造成毁灭。

实际上，黄幸亮教授向中国商界领导者提出挑战，要他们去探讨（更确切地说，去深刻反思）盲目抄袭过来的东西。他敦促领导者认真去思考戴明博士的种种警告，而不要受惑于所谓"向标杆企业学最佳实务"，更要在错误的学习造成重大恶果之前采取行动。

戴明博士对世界的影响力，还有一个有趣的特点，那就是许多人在日常会运用他所教导的方法，却不知道戴明是何方神圣。他们只是跟随"我们这里做事的方式而已"。所以说，不管他们正在研究数据、寻找方法来减少变异、追究问题的根源、作决策时以尊重工人为主要考虑，还是在评估系统的稳定性等，他们的所作所为，多少是在应用戴明博士提倡的"擅用方法来管理"。

我们接受了戴明提出的更好方法，达成了"卓越的技术质量"，都认为这是理所当然的，而忘了（或者从来不知道）：以前要达成质量改善和生产力提高，乃是相当困难的，还要花上大把的钞票。

许多主管也会误会戴明学说的应用范围，将它窄化成"运营管理"或"质量管理"。他们之所以会这样，是因为没人教他们：在戴明的世界，赚钱和高质量根本是同一件事。因此，做为领导者要将企业看成一个系统，该系统的目的和焦点，乃是质量，从而引发正向、良性的循环。

可惜的是，太多的商学院建议大家：去设立"质量部门"来处理与质量相关的事务。戴明博士预见了这一问题。他很清楚地告诉大家：质量是领导者的责任，"要从董事会做起，质量才能落实"。戴明博士认为，要达成质量，须要将各项努力放在具有战略性的地方，而不仅仅流于应用各种技术性工具（如流程图、帕累托图、连串图、散布图等）或统计学。

《转危为安》中有一项关键信息：质量并不是在工厂车间，也不是在提供服务的交付点凭空产生的。只有组织所用的管理方法才能让质量落实，才能让质量方法和工具充分发挥作用。

例如，"管理十四要点"中有这样两个要点：敦促管理团队要"排除恐惧，使人人都能有效地为公司工作"以及"破除部门与部门间的藩篱"。

为什么要这样要求呢？因为恐惧和障碍，既会毁了组织，也会糟蹋人才与质量。

此篇序言的两位作者之所以能了解戴明博士对于日本的影响，是看了美国 NBC 电视公司播放的白皮书节目：《如果日本能，为什么我们不能？》（1980 年 6 月 24 日）。我俩和许多人一样，看了该电视节目，都很出乎意料。这种震惊，好像是我们一直生活在二维世界、黑白世界里，然后突然瞥见我们是处在彩色、具第三维深度的世界。

这是一种全新的观看世界的方式，是从戴明博士在质量和生产力方法的教导中培养出来的：世界是彩色的、多维（包括深度）的。

许多公司要花多年才会认识到：对于彩色、3D世界的质量与生产力，如果采用二维、黑白世界的观点去看，就会很难跟人竞争。

不过，这样的公司的确是有的，它们采取的世界观是落伍的。

就质量和生产力而言，公司如果采取二维、黑白的方式，就会一点一点地被那些采取3D、彩色世界观点的公司超越，然后很快就全盘皆输。

上文说的属"第一层次"，我们现在讨论"第二层次"的早期情形。

在我们的用语脉络中，"第一层次"指以戴明学说为基础的技术层面的质量和生产力。这在《转危为安》有充分的讨论。然而，戴明知道，光追求技术层面的质量是不够的，他说，"必须在管理上有所转型才行"。

戴明博士称"第二层次"为"管理的新理念"。这一主题，在《转危为安》中有所探讨。它在戴明博士的《戴明的新经济观》中作出进一步而全面的探讨。

我们希望您能从这两本书中获益、受用。

我们也想让大家知道，戴明学院（WEDI）随时都乐意协助任何组织（营利性的、非营利性的和政府单位）了解和执行"戴明管理方法"。戴明学院不以营利为目的，其目的在于促进人们对戴明学说的理解，提升商业与贸易，促进繁荣与和平。

戴明学院相信：可以激励个人、领导者和组织，去干一番有独特贡献的事业。戴明学院希望贵组织、供货商和顾客都能成功。我们预期你们在学习"戴明管理方法"之后，在思想上可以与从前大不相同，可以去开创新的工作环境，人人都是赢家，取得很优异的成果。

在世界各地，每一年都有数以百计的人感谢他们有机会学习戴明学说，并加以应用。戴明学院感谢你们每一个人。我们在此要再次特别感谢黄教授过去 3 年来的用心指导，让戴明博士的这两本书得以在亚洲重新出版。

戴明学院会倾听顾客的需求，提供创新且有效的教育机会，包括研讨会、大型会议、研究型研讨会，它的主旨在激发个人和组织有大作为，有独特的成绩，并更深入地了解"戴明的新管理理念"。大家对戴明方法的兴趣日增，我们邀请你来进一步深入了解它，并作出独特的贡献。

戴明学院的网址是：www.Deming.org。

您的问题和建议，我们都很欢迎。

凯文·爱德华·卡希尔（Kevin Edwards Cahill）

戴明博士孙子，美国戴明学院（WEDI）执行理事，

Successor Founding 信托的研讨工作坊辅导员

凯利 L. 艾伦（Kelly L. Allan）

美国戴明学院咨询理事会理事，资深课程辅导师

W. 爱德华·戴明（W. Edwards Deming）的智慧和教诲会永存于世。我们的父亲于 1993 年 12 月去世，生前一直孜孜不倦地修订本书。他希望让第 2 版的内容更为清楚，修订的根据大半是读者直接对第 1 版的评论与建议。他保持一向敏锐的关注焦点，即帮助人们获得转型的必要知识，进而能采取新型管理方式。转型之道就是应用本书所勾勒的"戴明渊博知识系统"（The Deming System of Profound Knowledge）。

我们的父亲一生享高寿，贡献及产出丰富，一辈子都享受工作和学习之乐。诚如他在本书中所言："与乐于工作的人共事是喜乐的。"我们与 W. 爱德华·戴明分散在世界各地的朋友往来之后，确知他乐于助人、发掘努力的乐趣，同时他的工作令友人感动深切。

先父于 1993 年 11 月设立了戴明学会○。这个学会的

○ The W. Edwards Deming Institute：https://www.deming. org/。——译者注

宗旨，在于培养人们对于"戴明渊博知识系统"的了解，以促进商业、繁荣与和平。在认同此学会宗旨同人的帮助与努力下，我们会致力实现他的遗志。

黛安娜·戴明·卡希尔（Diana Deming Cahill）

琳达·戴明·拉特克利夫（Linda Deming Ratcliff）

英国经营者协会的月刊《今日管理》（*Management Today*），曾赞誉质量运动之父戴明博士为20世纪十大管理学思想家。他是一位摩顶放踵以利天下的智者、"质量为新经济纪元基础"的启蒙者。他一生树立了忠于专业（统计）、努力不懈、不计个人得失的典范。对他而言，研究、著书立说、教学、组织指导等繁忙的工作，就是生活。他的经典著作《转危为安》和《戴明的新经济观》能出版中译修正本，真令人感到欢喜。这两本书是戴明博士数十年心血之结晶，它们也是20世纪80年代起质量运动的史诗和见证。《转危为安》行文紧凑，文意密度颇高。《戴明的新经济观》则已出神入化，看似平常，其实颇多深意。这两本书都是经典之作，值得读者努力钻研。

《转危为安》1982年初版，当时书名为《质量、生产力与竞争地位》（*Quality, Productivity and Competitive Position*），1986年出版的是第2版，书名为《转危为安》（*Out of the Crisis*，书名取自50年代作者谈日本要如何走出低质量恶名的危机）。著作易名，一方面充分反映作者的心路历程，而我们也可因此了解本书的重点所在。《戴明的新经济观》（*The New Economics*：*For Industry*，*Government*，*Education*）初版于 1992 年，1993 年作者过世前即完成第 2 版稿本，于 1994 年出版。它基本上是 1986 年后，持续在世界各地举办著名的四日研讨会的教学相长的成绩。戴明博士很重视参与学员和实习讲师的互动，他把他们的回馈记录在书中，包括贡献者的大名，有时还标注时间和地点。

这两本译作，可说是我们团队的成绩。文豪歌德曾说："人的灵魂，就像被耕耘的田地。从异国取来种子，花时间来选择、播种的园艺家，岂是容易的？"主译者钟汉清先生在此谢谢诸位合译的团队队友：

《转危为安》的贡献者：刘振老师、林有望、郑志庚、蔡士魁、张华、甘永贵、邓嘉玲、施纯菁，徐历昌、潘震泽老师指出原作的某段引文有错。

《戴明的新经济观》的贡献者：戴久永（初版的译者）、李明、邓嘉玲、吴程远。

修正版特别在多处地方请教两位戴明学者：威廉·谢尔肯巴赫（William W. Scherkenbach）先生⊖和迈克尔·特威特（Michael Tveite）博士。他俩的贡献，在书中相关的地方都会有标注。

此次翻译时，参考过的部分书籍有：《圣经》（思高本）、台湾的《学术名词》网站、《英语姓名译名手册》（北京商务印书馆）。

⊖ 著有《戴明修炼 I》（*The Deming Route to Quality and Productivity*：*Road Maps and Roadlocks*）和《戴明修炼 II》（*The Deming's Road to Continual Improvement*）；2008 年成为"东海大学戴明学者讲座"教授，帮我们办了 3 场演讲。所有相关教材，请参考《台湾戴明圈》。总体而言，先生惠我良多……

戴明博士的著作，不只是他毕生学识的结晶，更有全世界精英与他对话的记录，是一首雄壮的交响曲，也是经营管理学著作的里程碑。作者音乐素养高，行文可比美他所作的圣乐。读者研习这两本"爱智之学"时，就像演奏他的乐曲一般，要牢记他的思想是整体的，其中的要义，可以做无穷多的整合和发挥，不过应该先求追随本原，再求"再创造"。这两本书多用前后各章相互指涉的方式（譬如说，这两本书有几张图是相同的，不过，我们在相关处提醒读者，请比较作者在说明上的修正处），各以或深或浅的方式，说明某些关键词，这是因为作者认为"用一句话或一整章，都不足以完全掌握某一要点的精髓。要了解他的理念，必须反复研读、思考和实践"。

戴明博士主编，沃尔特 A. 休哈特（Walter A. Shewhart）博士著的《品质管制观点下的统计方法》（1939），编者序中就作了如下说明："一本书的价值，并不只是各章价值之总和而已，而是要把每一章甚至每一段落，都与其他部分整合起来看，才能彰显出意义来。'品质管制'这一主题，无法用任何单一理念来完全表达，所以第 1 章必须在读完全书、融会贯通后才能解释清楚。"兹以《转危为安》举例说明：读者在读懂了整本书后，对此会有更深入的体会。因为"可操作定义"是他认为人类从事有意义沟通的根本原则，也是第 9 章的主题。在读完第 11 章后，又会对"可操作定义"学说更了然于心。

译者有幸与某些戴明博士肯定的"导师"切磋，对于作者的"渊博知识系统"（Deming's Profound Knowledge System，也可译为"成渊之学"或"深远知识"）之智能，稍有认识，所以愿借本文来协助读者作一次简单的导游，希望读者能入宝山（这两本书为现代许多新管理学理念的百科全书）而有所得。正如管理哲学家查尔斯·汉迪（Charles Handy）在其

《非理性的时代》（*The Age of Unreason*）所说的，《转危为安》是所有主管都该读的重要作品。汉迪更学习戴明式的思考法说：人类在思想上追求"真理"，而组织、企业的"真理"是什么呢？"质量"是也！

要了解戴明博士的"质量观"，最起码要了解《转危为安》的"生产为一个系统"（第1章的图1-1"把整个生产过程视为一个系统"，《戴明的新经济观》的图3-1：把生产视为一个系统）。质量改善包含了整个生产线，从进料到交货给顾客，与为未来产品与服务的再设计。本图第1次使用是在1950年8月于日本。如应用的是服务型组织，那么来源A、B、C等，可能是数据来源，或从前站进来的工作，例如账单（在百货公司中）、账单计算、存款、提款、存货的进出、誊写、送货单等。

第6章图："质量金三角"，即产品或服务在整个生命周期内，产、销、使用者、各为一体的最佳化（及第7章）；就社会的质量之运作，以及第10章谈论标准与法规孰优孰劣的各方合作，才是人类社会福祉的根本之道；就人生及社会而言，第17章的"看看生活点滴"也要引起注意。

《戴明的新经济观》第1章提出无论在什么地方，基本的问题都在于质量。什么叫质量呢？如果某项产品或服务足以帮助某些人，并且拥有一个市场——既好而又可长可久，它就是有质量的。贸易端赖质量。"质量源自何处？"答案是，高阶管理者。公司产品的质量，不可能高于高阶管理者所设定的质量水平。换句话说，他的质量观，是心怀"个人、组织、社会、天下"之大志的。而且，质量观还是动机成长的，所以质量的追求是永无止境的。

作者深信，经由全系统的人合作、创造产业界的新境界及更繁荣的社会，远比表面的"竞争优势"切实得多。更重要的是，质量与生产力相辅相成，是一体的两面。可是，在这个新经济纪元中的人们，要懂得欣赏

"渊博知识"，才能认识"质量"的价值，而这也是所有培训、教育的根本课题。他更认为，先谈质量，才会有真正而持久的生产力，这也是《转危为安》第1章的主旨。竞争力大师迈克尔·波特（Michael Porter）1997年来台演讲，一再澄清国家竞争力就是生产力，相形之下，戴明博士的看法更深入有理。他认为"成本"只是结果，所以谈的是"便宜好用的测试"（最低平均进料成本，《转危为安》第15章）等议题。戴明博士认为，系统的主体是人，而"人"不只是组织的资产而已，更是宝贝。

《转危为安》与《戴明的新经济观》这两本书中有诸多奥妙无穷的整合式观点。从管理学发展史的角度看，20世纪60年代有人提出管理学要重视系统、知识、心理学。戴明博士的独创在于，他进而以变异（统计学的主题）贯通之，成为最有特色的管理学、经济学。请注意两本书中通篇都强调融合下述4门学问的渊博知识系统（《戴明的新经济观》第4章专章介绍）。我在2011年的专著中介绍了戴明博士归纳出它的创造过程。

（1）系统观：组织系统的目的最重要，所有的决策都应该以它为依据，这牵涉领导者的素质和能力，所以请参考《戴明的新经济观》第5～6章：领导力（领导者的14项修炼等）、人的管理；了解行动决策的动力学：红珠实验和漏斗实验。系统的另外一个重要因素是其构成的次系统或元素之间的交互作用。如何判定系统是稳定的，或是不稳定的，这一判定准则很重要，因为我们对稳定系统或不稳定系统，都要分别采取不同的管理和改善策略。他1950年在日本提出使生产成为系统的看法。只有生产系统是稳定的，才可谈近日风行的精益系统（lean system）或丰田生产系统。由于系统组成间的相依性很大，所以成员必须合作（而不是彼此竞争，或一意追求自己单位的好处而不顾及整体，所谓的局部最佳化），才能共赢、达到全系统的最佳化，完成系统一致而恒久的目的（进一步请参考《戴明的新经济观》第3章）。

（2）变异观：变异现象无所不在，所以我们要本着质量管制的原理，即休哈特的"大量生产之经济性控制原理"，以最经济有效的方式，获得真知识，并运用可操作定义方式来沟通。区别出成果背后的肇因系统中，哪些是系统本身的杂音（戴明博士所说的"一般原因"），哪些可能是因为控制状态的"关键少数"原因（可以设法找出的"特殊原因"），从而从系统的状态（戴明博士最强调的一个重点是，凡不在稳定统计管制状态下的，就不能称为"系统"）出发分别采取适当的、不同的策略来改善、学习。这一番道理，本书第11章讨论稳定系统改善的一般原因与特殊原因时，有极精彩的解说。这也是"渊博知识"的"众妙之门"（进一步请参考《戴明的新经济观》第3章、第8章、第10章）。

（3）持续学习及知识理论：我们无法"全知全能"，所以要求系统的最佳化，必须本着PDSA（Plan，Do，Study，Act），或称PDCA（Plan，Do，Check，Act）循环，即"计划之（确定目的等）"、"执行之"、"研究之"（系统的交互作用等）、"改正之"，不断求知。当然，持续学习、改善时，要依当时的知识，并善用统计实验设计，而最重要的是结合各种相关的专门知识，再以科学方法来追求知识。在现代管理学中，戴明很早就在认识论上下功夫，他认为管理学要成为一门学问，就必须重视认知论，本书为开风气之力作。在认知论上，戴明博士认为，人在所处的世界中，对于很多事情的原因是不知道的，或是永远无法知道的，然而它们却是可以加以管理的（所以对我们的决策等，影响很大）。譬如说，我们可能无法知道什么时候会发生多大震幅的地震（或金融风暴），不过我们可以设计更耐震的房屋或更健全的财务控制制度等。

（4）心理学（参考《戴明的新经济观》第4章）：人是为求幸福、乐趣、意义（以其技能、技艺自豪）而自动自发的。人是无法"被激励"的。所有的奖赏，如果出发点是"掌控"别人，终会成为种种"人生的破坏力量"（《戴明的新经济观》图 6-1：图上方的力量会破坏人民与国家在创新与应用科学方面的能力。我们必须以管理（使个人能力得到提升）来取代这些力量），个人组织之间要能信赖才能使全系统实现最佳化。

现在，我给读者出道题目，作为读完《转危为安》与《戴明的新经济观》两本书的融会贯通：请找一个行业、公司或组织，以"把生产视为一个系统"为观念，说明它的系统目的以及"渊博知识系统"对该系统的意义，领导者如何发挥它来达成其创新与改善的要求。

戴明博士认为，凡是投入组织转型者，基本上要有上述修炼，即要能欣赏上述 4 大根本妙法所综合出的洞识力。他在这两本书中把这种真知灼见，应用到人生及组织中的各个层面，从而提出许多革命性的批判。即"急功近利"、"只重数字目标式管理"、"形式化的年度考绩"、"没有目的、整体观的质量奖"、"不懂背后理论的观摩或所谓标竿式学习"、"不懂统计状态的仪器校正方式、培训、管理预测"等，都是他所谓的"不经济"、"浪费"。而领导者在这方面的无知，更是两本书所谓的危机源头，所以他极强调"质量要始于公司的董事会"。唯有具备"渊博知识"的组织，才能直正成就组织上的学习，真正转化成功。《转危为安》中第 2 章中有他最著名的管理十四要点（经营者的义务），从目的的一致性、恒久性，到最后组织全体投入转型，指导浑然一体的"渊博知识"落实。

《转危为安》与《戴明的新经济观》对戴明博士最广为人知的两大经营管理寓言："红珠实验"与"漏斗实验"都有着墨（这两个游戏，被美国质量学会的质量发展史博物馆选入），是他在"四日研习会"中的戏剧化，或从游戏中学习的乐趣。希望读者参考《戴明的新经济观》的专章加以补充。一般没整套玩过"红珠实验"游戏的人，很难体会它的深层意义。美国众议院议长金瑞奇某次参观美国大纺织公司美利肯（Miliken），看到员工们在玩红珠实验，终于让他恍然大悟：原来领导者要为系统（制度）的设计负责（其实，这只是诸多寓意中的一个而已）。以后金瑞奇夫妇上了戴明博士数十小时的"个别指导班"，"渊博知识"也就成了他的《改造美国》（*To Renew America*）的根本指导原则。基本上，"漏斗实验"的寓意是，因为"无知"而"求好心切"，想干预（此词意为不知系统的状态而有所作为）系统，结果常常适得其反，使变异变大。

戴明博士借红珠实验及漏斗实验，指出人的困境。有时，我们身在系统中，纵使个人成绩有别，但大家实质上都是平等的。这时，系统的改善要由另一层次者（领导加上外来的智慧）负责。又有很多时候，我们自以为"全力以赴"，不断依照"差异"的回馈，而以不同的策略，想"一次比一次好"，可惜却也常常因为无知而适得其反。其实，这些寓意也正是两本书的核心思想。

在这两本书中，戴明博士有没有所谓的"终极关怀"呢？我不敢说自己一定懂，但我要用他最关心的3个代表产业来说明一下。他的最大关怀，我想是个人的幸福、组织的成长、社会的繁荣、世界太平，此大体为"戴明奖"（日本科技联盟）中的题词。个人的转化是顿悟式的，不过要依个人才气、性格不断学习，要从投入"读书会、研习会"等，与别人交流、体验来学习。当然，用心读好书是根本的。

戴明博士极重视教育界，他在纽约大学企管研究所任教达50年，就是身体力行的明证。有一次，"学习型组织先生"彼得·圣吉向他请益："要达成宏远、深入的转化，最基础的是什么呢？"他说："美国总体的教育改革。"他认为教育内容该包括"渊博知识"。《转危为安》与《戴明的新经济观》都有许多对于教育和教育界的论述以及它们的故事，例如，企业界如何大量培训基本的统计学，包括控制图和改善的种种管理及统计工具；毕业生最难忘的老师是哪些类型的；学校的老化问题和如何注入新的思想及资源；美国长春藤大学联盟等的合作有成。

他的另一个关怀是政府，读者不要忘了，他任职过最有生产力、质量最高的先进服务业：美国人口普查局。《转危为安》对该单位有诸多赞美之词。他认为，假使政府没有"渊博知识"，就不会重视人民（顾客）对公平性（最重要的政府考虑、顾客要求）的需求，从而会有许多浪费、复杂（如《转危为安》第17章）、低生产力及劣质的做法，如《转危为安》中一再批评的"法规上短视，医疗、法务成本昂贵"等。从公共目的而言，不懂戴明博士所谓的"质量"（渊博知识），就是公共施政的危机所在。《戴明的新经济观》花许多力气向美国州际商业委员会（Interstate Commerce Commission，ICC）提供他代表的团体对货运系统的意见。

《转危为安》与《戴明的新经济观》中都对产业的转型说得极多，也极中肯。就某种意义而言，这两本书是他为"产、官、学"界作屈原式"招魂"的结果。若读者读完两本书后，能产生"微斯人（斯学），吾谁与归"的感慨与决心（如果能，恭喜），那么，戴明博士便又多了一位知音。接下来，还请有心的读者参与他伟大理想的实践，这才是《转危为安》与《戴明的新经济观》的主旨。

最后我要简单谈一下戴明博士与我们的关系。美国戴明学院（WEDI）记载他在 1970 ~ 1971 年受聘台湾的"生产力中心"当顾问。

他访台数次，在台北和高雄都办过盛大的研讨会，师生都盛装出席。刘振老师翻译他授权的《质管九讲》。他对于到工厂现场指导，深感兴趣，勤作笔记。所以《转危为安》中有他到高雄某自行车工厂的指导记录。

1980年，他接受美国《质量》（*Quality*）月刊访问时，谈及中国台湾，对中国台湾的工业生产能力评价不错。不过，他认为美中不足的是，中国台湾的劳资双方的共识，远低于日本，所以合作发展会有瓶颈。值得注意的是，他在两本书中谈到各式各样的"冲突"、"矛盾对立"、"压力"（如"恐惧"）等人生破坏力，但都本着创造性整合的方式看待。希望读者了解这些弦外之音。系统要有宗旨，成员彼此成为一体，才能最佳化。

可惜他晚年因业务和教学繁忙，未能造访中国大陆。不过，众所周知，中国已是世界工厂，对于戴明学说的翻译和出版，领先日本等先进国家。我希望中华儿女都有机会学习、应用戴明学说，并进一步发扬光大。

戴明博士于 1993 年 12 月去世，生前一直致力于修订此书。第 2 版反映戴明博士的变化。修订最多的部分是第 4 章，他希望能更强调"渊博知识系统"包含管理系统时极为重要的"系统外观点或视角"。

第 2 版增加了一篇附录 A：物品与服务的持续采购，这是戴明博士在"四日研讨会"中的讲义，有助于了解他对于与供应厂商关系的看法。

戴明博士在本书中多次引用其前一部著作《转危为安》（*Out of the Crisis*）。要想深入了解戴明博士学说的读者，宜研读《转危为安》。要想了解戴明博士的生平及其著作清单的读者，建议参考他的秘书西西莉娅·克利安（Cecelia S. Kilian）所编著的《 W. 爱德华·戴明的世界》（*The World of W. Edwards Deming*）。

40 多年来，W. 爱德华·戴明（W. Edwards Deming，1900—1993）所经营的顾问事业，业务蒸蒸日上，遍及全世界。他的客户包括制造业的公司、电话公司、铁路公司、货运公司、消费者研究单位、人口普查的方法学家、医院、法务公司、政府机构，以及大学与产业内的研究组织。

戴明博士的方法对于美国的制造业和服务业的冲击，力道深远。他领导的质量革命席卷全美国，目的在于改善美国企业的世界竞争地位。

1987 年美国总统里根颁发"国家技术（工程）奖章"给戴明博士。他在 1988 年获得美国国家科学院颁发的"杰出科学事业成就奖"。

戴明博士还获得了很多奖章，包括 1956 年"美国质量控制协会"颁发的"沃尔特 A. 休哈特（Walter A. Shewhart）奖"以及美国统计学会 1983 年颁发的"塞缪尔·威尔克斯（Samuel Wilks）奖"。

1980 年，美国质量控制协会的纽约大都会分部，设立年度"戴明奖"^㊀（Deming Prize）给对质量和生产力有贡献的人。戴明博士是国际统计学会的会员。他 1983 年荣获国家工程学院院士头衔，1986 年入选代顿的"科技名人堂"，1991 年入选"汽车界名人堂"。

戴明博士最著名的，也许是他在日本的功绩，他从 1950 年起多次到日本为企业顶层主管和工程师开设质量管理课程。他的教导对日本的经济发展有显著的提升。日本的科技联盟（JUSE）为感谢他的贡献，设立年度"戴明奖"给对产品的质量和可靠性有功的人士。1960 年日本天皇颁给他二等瑞宝奖。

戴明博士 1928 年取得耶鲁大学的数理物理学博士学位。下述大学授予他荣誉博士学位（头衔为 LL.D 和 Sc.D 两种）：怀俄明大学、里维埃学院、马里兰大学、俄亥俄州立大学、克拉克森技术大学、迈阿密大学、乔治·华盛顿大学、科罗拉多大学、福特汉姆大学、亚拉巴马大学、俄勒冈州立大学、美国（亚美利加）大学、南卡罗来那大学、耶鲁大学、哈佛大学、克利里学院、谢那多阿大学。耶鲁大学还赠他威尔伯·卢修斯十字奖章、里维埃学院赠他耶稣的玛德琳奖章。

戴明博士撰写了数本专著和 171 篇论文。他 1986 年出版的《转危为安》（*Out of the Crisis*）被翻译成几种外语版本。关于他的生平、哲学及其学说在世界各地的成功应用案例的书籍、影片、视听教材等，数量极多。他最后 10 年每年开的"四日研讨会"有万名学员报名参加。

㊀　此奖在戴明博士过世后归美国质量协会管理。——译者注

本书是为在现行管理方式肆虐下生活的人而写。这种管理方式导致了巨大持久的损失，使我们走向衰退。大多数人误以为，现行管理方式存在已久，而且牢不可破。事实上，它是现代的发明——一个经由人们的互动方式而创造出来的牢笼。这种互动使得我们生活的所有层面（政府、产业、教育、医疗）都深受其害。

我们都在竞争的气氛中成长，不论是人与人或者团队、部门、学生、大学之间，都充斥着竞争。经济学家教导我们，竞争会解决我们的问题。事实上，我们现在了解，竞争具有破坏性。更好的做法是，每个人都能以"人人皆赢"为目标，如同处于一个系统般共同工作。我们所需要的是合作以及向新的管理方式转型。

转型之道就是我所称的"渊博知识系统"。渊博知识系统由四大部分组成，它们彼此互相关联：

- 对于系统的了解
- 有关变异的知识

- 知识理论

- 心理学

本书的主旨在于为读者开启通往知识之道，并且培养追求更多知识的渴望。

我在《转危为安》中提到的管理十四要点，乃是运用渊博知识系统，将现行管理方式往最适化转型下的自然产物。

本书也可作为工程、经济、企管科系学生的教科书。企管教育的目的，不应该是让现行管理风格永远不变，而是要促使它转型。工程科系学生对所学习的新的工具与工程理论，也需要新的管理方法才能成功运用。换言之，学校的目的，是要让学生为未来而非为过去做准备。

本书前两章描述现行管理方式，并且建议较好的做法。第3章叙述系统的理论，在最好的系统中每个人都会受益——股东、供货商、员工、顾客。第4章介绍渊博知识系统，可以提供一个了解我们工作的组织并促使其最优化的工具。以后各章则进一步阐释第3章与第4章的理论，并穿插企业、教育界、政府部门的相关实例及应用情形。

许多人对于本书的完成都有所贡献，我会在书中各处指明。在此特别感谢我的秘书西西莉娅·克利安的全力贡献。

现 况 省 思

> 对你伤害最大的，莫过于差劲的对手。对于好对手，应
> 心存感激。
>
> ——阿尔弗雷德·波利兹[⊖]（Alfred Politz，1902—1982）

新世界：信息流。今天，人类不再孤立生活，这是信息跨越国界，流通于各国的结果。电影、电视、录像机以及传真机，能够在瞬间告诉我们其他人的事，他们如何生活，他们享受什么。而大家相互比较之下，每个人都希望生活得像其他人一样，每个人都认为别人过得比较好。

要如何才能活得和其他人一样好？民众为了生活不好而责备政府与领导人，或是责备企业与企业主管，也许是对的，但是换人领导就一定会改善生活吗？万一新领导人并不比旧的好怎么办？他们凭什么会比较好？新领导人又有多少时间，可让他们证明确实改善了大家的生活？换句话说，民众的耐性有多

⊖　波利兹是"投票和舆情分析"与市场研究领域的先驱，戴明博士好友。——译者注

久？他们用什么作为判定的基准？

新领导人用什么方法可以改善生活，往往取决于他们是否具备了所需的知识。一位领袖应该具备哪些特质？全力以赴一定会带来改善吗？可惜，并非如此。全力以赴与埋头苦干，如果没有知识为指引，只不过是将我们所身陷的坑，挖得更深。本书的主要目的，正是提供这些新知识。

进行改善所需要的知识，都来自外界，而本书所要教导及探讨的，是如何变革的基本知识。请注意，知识是无可替代的。

贸易的必要。为了改善物质与精神生活，我们必须与其他人交换物品和服务。这种交易是双向的。一个小区想进口物品，就必须输出一些物品作为交换。

市场是全世界。今天，产品可能销往世界任何地方。同样，供货商也可能来自任何地方。在我手边就有一个小型的钟，背后刻着：

采用中国香港制造的瑞士零件、在中国内地装配。

又例如，我现在用的笔是德国的费伯·卡斯特尔（Faber-Castell）牌子，这家公司以办公室用品闻名。有趣的是，有一天当我仔细观察时，却发现这支笔是在日本制造的。

质量是什么？无论在什么地方，基本的问题都在于质量。什么叫质量呢？如果某项产品或服务足以帮助某些人，并且拥有一个市场——既好而又可长久，它就是有质量的。贸易的基础是质量。

美国是否依靠燃烧自身的脂肪为生？某些国家的运转，部分要依赖输出非再生原料，诸如石油、煤、铁砂、铜、铝、废金属之类。这些都只是暂时的，它们无法永续。国家要倚赖赠与、信用或借贷，也不是久远之道。

1920 年，从明尼苏达州米沙比山脉矿场（德卢斯西北部）挖出来的铁矿，含铁量为 74%，如今的含铁量却只剩 33%。由于含铁量太低，因此钢铁公司先就地把铁砂炼成含铁量 74% 的铁块，以节省由铁路运至码头、再以船运到俄亥俄州克利夫兰的成本。米沙比矿场目前仍然有很多铁矿，年产量可达 5000 万吨，但是精华已经挖尽。同样，森林也会消失。以外汇收入而言，美国最赚钱的出口品应该是废金属。

为了赚钱，美国输出部分精炼的铁矿，还有铝、镍、铜、煤，这些全都是非再生的物质。我们耗尽了天然资源，更糟的是（在后面将会提到），我们也在摧残自己人民的福祉。

美国的地位如何呢？美国在贸易收支的表现如何？答案是，做得并不好。

对于新知识的发明以及应用，美国曾经贡献良多。1910 年，美国生产了全世界一半的商品。由 1920 年起的几十年间，美国生产的产品遍及全世界数以百万计人的手中，若非具备有效率的生产与充沛的天然资源，是不可能做到的。由于美国货的质量够好，用过的人会想买更多的美国产品。北美洲的另外一项优势，是在第二次世界大战之后的 10 年，其他工业国家都曾经遭受战火的蹂躏，这是唯一有能力全力生产的区域。世界其他地方，全都是美国的顾客，愿意向美国购买任何产品，而美国也因贸易顺差而有大量资金流入。

当时一项最好的出口品，也是最赚钱的，就是军用物资。如果不必顾虑道德上的问题，美国可以大幅扩张这种生意。此外，美国飞机约占世界市场的 70%。另一种重要出口品是废金属：美国无法利用，所以将之卖掉。结果，日本人付 18 美分，购买制造麦克风所用的金属，然后美国人再花 1800 ~ 2000 美元，向日本买回这些金属制成的麦克风，这就是附加价值。再者，卖废纸板和纸可赚钱，化学物品就跟医药物品一样，也卖得很好。同时，卖木材很赚钱，而木材可以再生。据我了解，营建设备也是美国重要的出口品。美国电影这项服务业当然很赚钱。银行与保险业也一度很重要，几乎可以与英国媲美，但是好景不再，美国最大的银行在世界上的排名，如今已远远落后了。

究竟发生了什么？ 每个人都希望好景持续，并且愈来愈好。企业处在扩展中的市场，经营管理很容易，同时，经营者也会倾向这样假设：经济状况会愈来愈好。然而，当我们回顾过去，却与期望相反，我们发现已历经了 30 年的经济衰退。想确认某次地震发生的日期，很容易，但要确认出经济到底从什么时候开始衰退，却不简单。

大约在 1955 年，日本产品开始进入美国。这时候的日本货的价格低、质量佳，与战前以及战争刚结束时的质量低劣完全不同。由这时起，偏好使用进口货的美国人逐渐增多，这威胁了北美的工业。

很难相信，如今一切竟然与 1950 年都大不相同了。这种变迁是逐渐的，无法在一周复一周之间察觉出来。我们只有在回顾时，才看得清楚它的衰退。猫儿不会察觉到暮色来临。当光线暗下来时，它们的瞳孔会逐渐放大，但在完全的黑暗中，它们和人类一样，都很无助。

美国目前有些产业的状况，比过去任何时候都要好。美国的汽车数量比过去大很多，美国人搭飞机旅行也更为频繁。这种数字意味着衰退？还是进步？在回答时，必须考虑一项因素：在 1958 年，美国各地有行驶于城市间的火车，乘客可以选择搭飞机或火车。如今，已很少人采用搭火车，而火车服务业日趋不普遍了，所以出行唯一的选择是去搭飞机或自己开车。

几年之前，美国在农产品贸易上仍有顺差，如小麦、棉花、大豆等，只举这些例子当代表。但是，如今好景不再。美国农产品的进口超过出口，同时有人指出，如果把毒品的走私列入进口额，我们在农产品的赤字，将远比发表的数字更糟。

我们必须做什么？我们必须坦承，大量制造出低成本的产品，已不再是美国的企业所专精的，在墨西哥、中国台湾、韩国以及其他地方，量产都已经走向自动化。但是，我们还是可以用特殊化的服务和产品，来提升经济系统。而这种改变，需要知识；换句话说，美国人的问题在于教育，以及如何发展出一种文化，人人重视学习，认为它是有价值的。

我们如何能改进教育？读者将会体认，教育的改进和管理所需要运用的原则，与改善任何过程（包括制造或服务）并无不同。教育的创新与改进，同样需要领导者（参见第5章）。

公司的状态如何，才处于最佳地位去从事改善？有一位先生在我主持的研讨会中提问："哪有什么危机？我们公司和其他的美国同业，合计占有全世界7成的飞机市场。"我的回答是，公司体制健全、绩效良好，正是改进管理、产品、服务的最佳时机，同时也有最大的义务去改进，这样做，可以对本身以及其他人的经济福祉有所贡献。对于独占的企业而言，事实上它有逐年改善的最佳机会，同时也有最大的义务要如此做。那些岌岌可危的公司，唯一想到的事只是苟延残喘——短期的而已。

顾客的期望。顾客的期望，经常为人所提到。大家都说，要符合顾客的期望才行。事实上，顾客的期望乃是由你与你的竞争对手所塑造出的。顾客学习能力强，很快就上道。

顾客会发明新产品和服务吗？顾客不会创造出什么。例如，当初没有顾客会要求电灯：他们认为，瓦斯灯照明的效果已经不错了；而且，最早期电灯的碳丝，既脆弱又耗电。又例如，当初并没有顾客要求照相术，没有顾客要求电报或电话，更没有顾客要求汽车：我们有马可用，还有什么比它更好呢？没有顾客曾要求充气轮胎：车胎都是橡胶做的，想"骑在空气上"似乎很傻；美国第一个充气轮胎并不好用，使用者必须随身携带橡皮胶、插头和打气筒，还要知道如何使用。我可以作证。此外，也没有顾客要求芯片（IC）、口袋型收音机，或传真机。

一位受过教育的人，或许明确知道自己的需要，知道自己想买什么，或许也能描述这些需要，让供货商了解。然而聪明的顾客还是会听取供货商的建议，并从中学习。双方应该如同是同一系统，在一起商议，而不是一方想压过另一方。这是我在《转危为安》[1]中所提到管理十四要点中的第4要点。我们在本书第3章会更深入讨论。

同样，尽管大家并不清楚怎样可以改进教育，甚至不清楚应该如何定义"教育的改进"，但都会要求学校要更好。

是否有满意的顾客或忠诚的顾客就够了呢？事实上，顾客只是依据生产者给他的期望而期望，但他们学习快速，会将某项产品与另一项产品相比较，将一个货源与另一个或货源相比较。我们当然不希望有不满意的顾客，但顾客只是满意还不够。满意的顾客仍然会换另一家去购买。为什么不呢？他有可能找到更好的产品。

有忠诚的顾客当然很好，他们会再度光顾、排队等货，并且会带朋友来惠顾。但就算这些都会发生，仅有忠诚的顾客，仍然不够。

服务业也是如此，顾客只是接受现有的服务（洗衣、邮递、交通），而不会发明什么，但顾客学习得很快。如果联邦快递及其竞争者提供隔天送达服务，即使价格是邮资的数倍，顾客也会选择这种新服务。他忘掉在其他的发达国家的邮政系统很好，只需去买张邮票，就可能有隔夜送达的服务。⊖

没有顾客自己会先想到去要求发明心律调整器（起搏器），也没有顾客会要求心律调整器的电池要能耐用10年，同时又能够储存过去1个月来心跳速度与规律的信息。

创新。经由创新而得到一种性能更好的新产品，当然很不错。但

⊖ 参考《转危为安》第7章。——译者注

是创新源自何处？

化油器（carburetor）的制造者如今何在？过去每一辆车都至少有一个化油器。汽车没有化油器怎能跑？化油器的制造者年年都在改进质量，它的顾客都满意而忠诚。

接下来发生了什么事？创新。燃油喷射器（fuel injector）诞生了，除了化油器的功能，还有其他功能。比起化油器，燃油喷射器贵得多，但是一经某一款车采用，所有款车都跟进。化油器出局了，甚至卡车也不再使用，年复一年，很少人还记得它。

过些时候，燃油喷射器也会被取代。将汽油与空气喷入燃烧室的新方法与新引擎将会诞生，把燃油喷射器淘汰掉。

很少有人会记得真空管，但过去的收音机必须用到它们。8个真空管的收音机很占空间，9个真空管的收音机的效果，比8个的更好，却更占空间。真空管的制造商每年都改进其性能，并缩小其体积。那个时代，顾客都满意而忠诚。但是当贝尔电话实验室的威廉·萧克利（William Shockley）等人，透过对二极管及晶体管的研究，进而发明了芯片，对真空管满意的顾客，都转而去追求口袋型收音机。

由这些例子所得到的教训是，我们必须"创新、预测顾客的需求，进而提供更超乎其预期的特性或服务"。能创新而运气又好的人，就可以占有市场。

我们从事什么事业？以上各种叙述，或许可以用一个问题概括："我们从事的是哪种事业？"在化油器的个案中，是否就是制造化油器？没错。化油器制造商能制造出优良的化油器，而且愈做愈好。他们认为，自己所从事的，乃是制造化油器的行业。然而事实上，如果当初他们把自己的事业视为是将汽油与空气注入燃烧室中，或是发明更好的引擎，也许情况会有所不同。结果，别人发明了燃油喷射器新产品，这让化油器的制造商面临困境。

对于任何经营企业的人来说,一个值得思考的好问题是:"我们到底从事的是哪种事业?"将我们所做的事做好(生产出好产品,或是好服务),当然是必要的,但是这并不够。我们必须不断地问:"什么产品或服务更能帮助我们的顾客?"我们必须思考未来:我们5年后将做什么?10年后将做什么?[2]

没缺点,就没工作。没有缺点并不必然等于能够建立事业,也不必然能够保持工厂营运(见图1-1),要做的事,可还很多呢。例如,在汽车业中,顾客(就是让工厂能维持与营运的人)或许对于汽车的性能感兴趣,而且关心的问题不只是加速,也包括在雪地上的表现,在高速下驾驶盘的状况,还有驶过突出路面时的情况。车子在粗石路面上是否会跳起并打滑?空调运作得如何?暖气系统又如何?

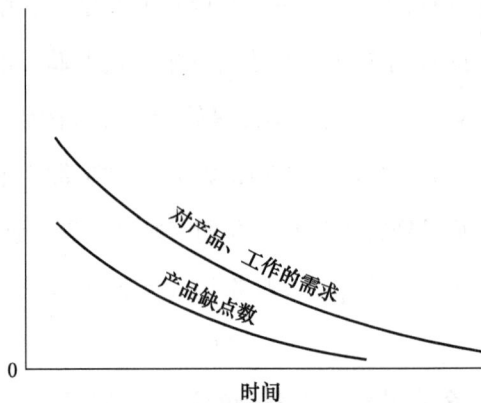

图1-1　减少缺点的努力成功了,可同时,产品的需求或销售可能向零滑落。仅仅消除缺点并不足以保证未来的工作机会。零缺点,零工作机会,可以并存。我们需要的远不只是零缺点项目

顾客也许对造型有兴趣,不仅是汽车的外形,也包括车内的按钮与排列方式。乘客的舒适也很重要——是否必须把头弯到快要断了,才能进出车厢?脚放在哪里?手放在哪里?

性能与造型，无论这些字句在顾客的心目中代表什么意思，必须要持续改进。零缺点并不足够。

我曾经在一个难忘的星期四，花了一整天，听了 10 个小组所作的 10 场报告，主题是减少缺点。听众有 150 人，都从事这项工作，他们相当专注地听讲，显得对于工作很投入。

然而我想他们并不了解，他们的工作或许会相当成功（零缺点），但公司却在衰退。事实上，除了零缺点，还要做更多的事，才能保住工作（见图 1-2）。

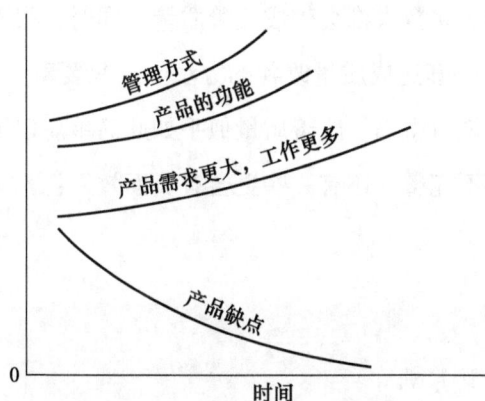

图 1-2 管理者团队改善其管理方式及产品的功能。现在已有效消除产品缺点。产品在更好的市场上畅销；更多的工作

那些减少缺点的专家，他们的工作相当复杂。有些缺点是彼此相关的，即当一个上升，另一个会下降。例如，汽车业者都很熟悉一组相关的问题：

- 关好前门要用的力气

- 高速行驶时的风声

- 雨水

在车门的边上少用一些橡胶，关车门就可以更容易些。但是这会让雨水渗进来，同时快速行驶时，会有风的噪音。如果在车门边多加橡胶，就可阻止雨水进入，也能减少噪音，但这样，只有很强壮的人才关得上车门。降低任何一项因素，就会使其他因素到达令人无可忍受的地步。问题是该如何达成平衡，让这三项因素都在可忍受的程度以内。

一些日常对质量改善的建议。一般人对于质量都很感兴趣。假如我们下周二用下述问题来举行全民调查：

你赞成改善质量吗？　　　□是　　　□否

我深信，绝大多数人都会赞成改善质量。同时，很不幸地，几乎大部分的人都各有一套达成质量改善的方法。这只要看一下读者投诉信、演讲、书籍等，就可得知。改善质量似乎如此简单。以下就是部分答案集，它们每个都不完整，还有一些更会有负面效果：

- 自动化
- 新机器
- 使用更多计算机
- 埋头苦干
- 全力以赴
- 年度考绩、奖赏制
- 权责分明
- 目标管理制（management by objective，MBO）
- 成果导向的管理（management by result，MBR）
- 将员工、小组、部门、销售员的绩效排序——奖励居前者，处罚殿后者
- 加强统计质管（statistical quality control，SQC）
- 加强检验

- 设立质管部门

- 指派专人担任质量副总

- 奖金制度

- 设定工作标准（工作分担份额、时间标准）

- 零缺点项目

- 符合规格要求

- 激励员工

这些建议有什么错误？ 经过下面的说明之后，上述各项建议的谬误之处，就昭然若揭。它们都是管理者推卸责任的说辞而已。

某家公司认为多投资才能创造未来，因此大幅投资了 400 亿美元于新机器和自动化。结果是：麻烦不断、产能过大、成本高、质量低。如果要为这家公司的管理者辩护，可能要说他们原先对未来很有信心。

这一投资金额够不够让公司流血致死呢？ 400 亿美元，即使以年利 5% 计算，利息就已经高达 20 亿美元，也就是每天超过 500 万美元，不分周日与假期、雨天或晴天。这项投资如果合理的话，那么利润必须远超出每年 20 亿美元。

在参观我担任顾问的公司中，我发现过多自动化与过多的新机器，乃是低质量与高成本的源头，也导致很多公司破产；就算能符合预定目的而运作，实际产能却超出需要产能的一倍。有些则是流程设计不良，诸如制造→检验、制造→检验、制造→检验……一再重复，其实检验并非是最经济的程序（见《转危为安》第 15 章）。此外，检验仪器所带来的困扰，通常也比制造设备所带来的还来得多。

公司总经理将质量之责，交付到工厂各经理的手中，结果马上就变得很令人觉得尴尬——质量下降了，这是可想而知的。工厂的经理也很无奈，因为他并没有参与产品的设计。他是无助的，他所能做的，只能设法做分内的事，达成配额目标，符合各项规格，做些"灭火"工作。

当然我们并不希望不符规格，但是符合规格还不足够。正如我们先前所见，零缺点并不够好。装配线的各部分必须要像一个系统般运作。某家公司的总经理曾在一本刊物中写道：

> 本公司的员工为他们所生产的产品以及产品的质量负责。

员工才没有办法负责呢，他们只能做分内的工作。其实写这篇文章的人是公司的总经理，才是必须为质量负责的。

另外某家公司的管理者发给每位员工这样的宣言：

> 我们的顾客期望质量。产品质量是作业员的基本责任，他们必须正确地制造，并与检验员分担责任。

此举或可说是言不及义，我只能寄以同情。

同样，作业员并不能为产品或质量负责。他们只是努力尽自己的职责。此外，责任由作业员和检验员分担，必然会造成错误以及困扰。我们在后文将会进一步讨论"分担责任"的弊病。产品的质量是管理者的责任，而且应与顾客共同合作达成。

上述例子中的管理者，都是把自己的责任推诿给一些对质量或创新都使不上力的员工。

再举另外一例，一群管理顾问的广告词如下：

> 计算器化的质量信息系统，可提供高科技与有效决策之间的重要联系。

我倒希望管理真的这样简单。

这些宣言什么地方出错? 质量必须由高阶管理者决定，它不可能授权给下属。此外，上述那些宣言或说辞，也欠缺我所称之为渊博知识这项根本要素。知识是无可替代的。只靠埋头苦干、全力以赴，或是竭智尽心，并不能创造出质量或市场。管理必须转型（transformation）——学习并应用渊博知识。我将在第 4 章介绍渊博知识系统。

为什么这个工厂会倒闭？我发现管理者和劳工都深切地关心未来，关心工作是否保得住？我曾与某家大型制造公司的高阶管理人员作过数回的讨论，我发现他们都认为，只要作业员都能在其岗位上认真生产，大家的工作就保得住。我问他们："你们听过某某工厂倒闭了吧？它为什么会倒闭？该不是他们的工作技能或手艺不佳吧？"当然不是这样的。

该工厂在效率上、沟通上、与供货商的关系良好上，被公认为楷模厂，经常被媒体报导，而且工人技术一级棒。为什么它竟然会倒闭？答案：产品已经没有市场。管理者的职责，就是要高瞻远瞩，及时改变产品，维持工厂营运。

该银行为何倒闭？是因为行员的柜台服务差劲、银行账目错误、贷款的利息计算错误吗？没这回事。即使这些作业都是零缺点，银行照样会倒。该由谁负责呢？当然是管理者，还有该行的呆账。

质量源自何处？答案是，高阶管理者。公司产品的质量，不可能高于高阶管理者所设定的质量水平。

创造并确保工作机会，完全取决于管理者是否有远见，能否设计出足以吸引顾客、建立市场的产品和服务，同时能够时时领先顾客将产品和服务修正。

例子。位于田纳西州曼菲斯市附近的圣心联盟（Sacred Heart League），设定了一项目标，要为田纳西州四郡的贫困儿童提供医疗照顾和食物。为了筹措款项，该联盟会依邮寄名单向外募款。募款的流程，可用图 1-3 表示。

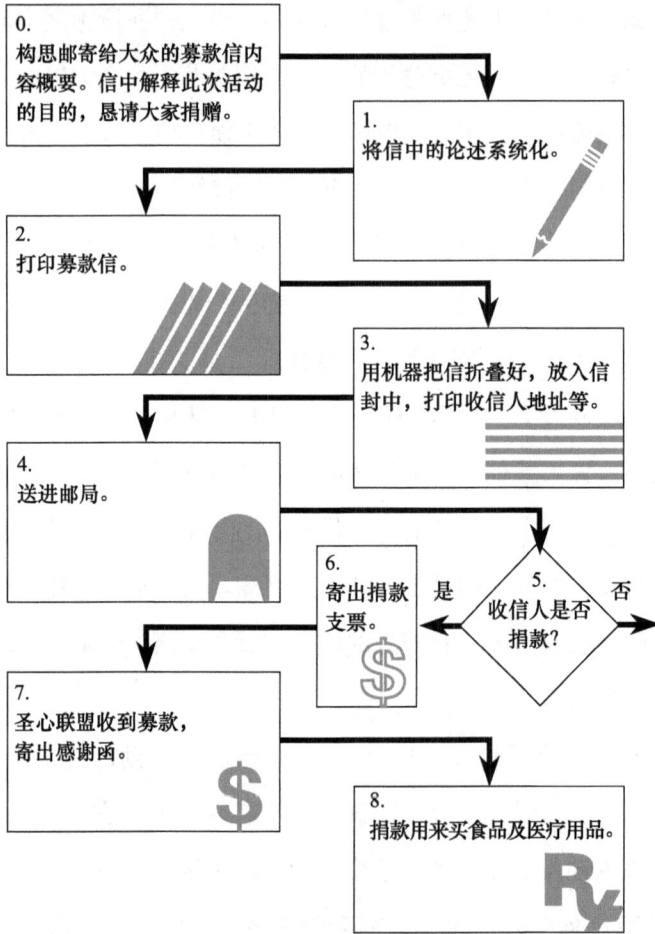

图 1-3　圣心联盟募款步骤的流程图

你该如何评估这项作业的质量？一项重要的指标是以所募得的总金额，减去从 0 ~ 7 阶段所花费的成本。

这项质量衡量指标所根据的是什么？

答案：信封内所传达的募款信息。谁决定这项信息的内容？圣心联盟的主持人鲍勃神父，也就是圣心联盟的主持人。

信纸的折叠方式可能完美无缺、信封上的地址可能零错误，每个地址都实实在在真有其人、邮政作业也无懈可击。但结果所募到的钱，还是人不敷出。这样，圣心联盟这项任务只有放弃一途。募款的成效，有赖于所传达的信息。仅靠完善的作业，不足以达成募款的目的。

另外一项质量指标是：该联盟如何使用所募得的款项。但如果成本超出募款所得，则这项指标的绩效将无从衡量。我们在后面还会提到，大多数管理活动的效益，乃是无从衡量的。例如，员工训练的效益，乃是无法衡量的，虽然账单上有训练的成本，但是其效益则无从得知。

图 1-3 的流程图，列出圣心联盟的作业过程，如果受过一点流程图的训练，不难依式绘制出如图 1-4 的流程展开图（deployment flowchart），特别感谢迈伦·崔巴士（Myron Tribus）博士的赐教。

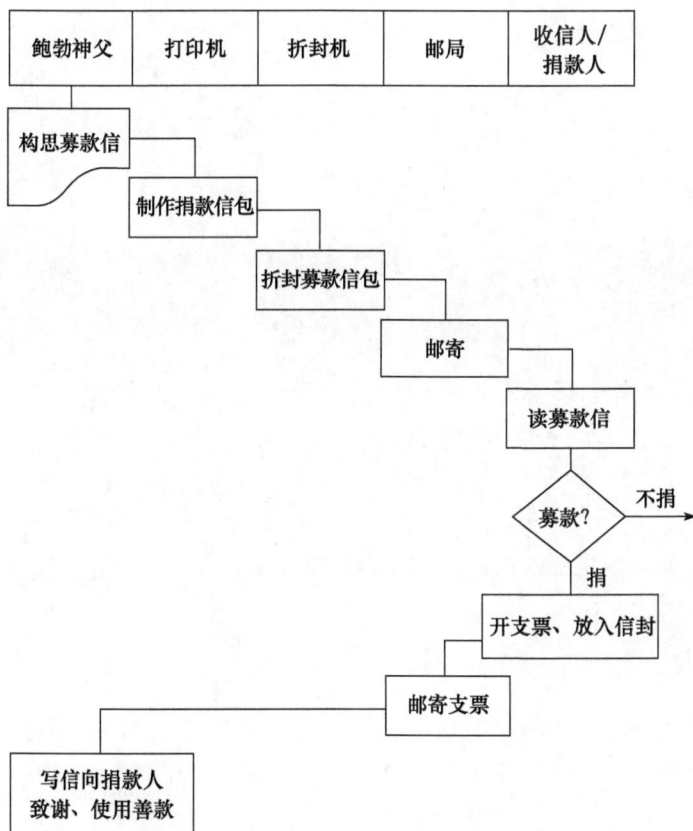

图 1-4　将图 1-3 改绘成流程展开图（迈伦·崔巴士博士所绘）

那么我们为什么要花钱从事训练？答案：我们相信未来的效益会超过成本。换言之，经营管理根据的是理论、预测，而非纯数字。

注释

1. 爱德华·戴明《转危为安》（*Out of the Crisis*），原书出版信息：Massachusetts Institute of Technology，Center for Advanced Engineering Study，1986。中文新版为机械工业出版社出版，2015。

2. 本段承蒙爱德华·贝克（Edward M. Baker）博士的协助，向他致谢。

损 失 重 大

我宁愿少知道一点，也不要知道很多似是而非的东西。

——乔希·毕林斯（Josh Billings）

本章目的。现行西方国家的管理方式，是产生浪费的最大来源，它所导致的损失，既无法估算，也无从衡量。本章的目的，要找出此损失（浪费）的重大来源，同时建议较佳的做法。

不必要的文书作业就是一大浪费。这种现象多半是由于管理者认为，要防止错误或作假一再发生，必须多稽核、多检查。《泰晤士报》1990 年 7 月 7 日刊出的读者来信，指出美国医院的成本中，有 23% 是行政费用，而在英国则只有 5%。问一问任何一位美国医院的护士，哪一项工作最会降低其效率和效益，答案一定是：文书作业。

有意思的是，现在风行的管理系统，原先也是许多当事者自认为全力以赴所创造出来的，只不过是，欠缺了本书在之后数章会介绍的一套知识。

让我们在此暂停，思考一下

埋头苦干？

全力以赴？

这样做的效果如何呢？

答案是：这样做，只会把我们目前所身陷的坑，挖得更深。仅靠埋头苦干与全力以赴，并不能把我们救出坑外。事实上，只有借着外界知识的亮光之照耀，我们才能察觉自己所身陷的坑。

第 3 章我们会试着提供一种知识的入门说明，好协助大家脱离目前所陷困境，转入另一佳境。

首先我们详细列出一些现代管理的错误做法，并建议一些较佳的做法（见表 2-1 ~ 表 2-9）。

表　2-1

现行做法 直觉反应式；只需管理技巧， 并没有管理理论	较佳做法 要求具备管理理论
欠缺一致的目的 短期思考 强调立即的结果。思考只顾眼前，没有前瞻 持续掌握公司股价的消息，维持股利发放 未能随时间变化而达成最佳化 让每季营收数字更漂亮。在每月或每季末，将所有库存的产品都运出厂。毫不注意质量，只求账面上记为出货，列为应收账款 修理、维护以及订购原料等都延至下季再做	实行并公布（公司）一致的目的 制定长期规划书 提出下列问题：我们在今后 5 年希望要达到的目标？其次，要采用什么方式达成？

由于美国联邦贸易委员会与美国国税局要求上市公司每季公布财务报表，此规定可能是一股邪恶的力量，迫使经营者过分重视盈亏数字。

在处理短期问题上，即使成功许多次，仍不足以确保长期会成功。

只求短期上的解决之道，长期而言，难免会产生后遗症。

当然。发生短期问题时，管理者也必须处理。但是，如果只处理短期问题，即只管不断"灭火"，也会犯致命的错误。

任何两个人之间，例如推销员，必然存有差异。问题是，这种差异的意义何在？它或许并没有什么意义。回答这类问题，需要用到一些统计学［有关变异（variation）］的知识。排序是闹剧，账面上的个人绩效，其实主要该归功于他所属的系统，而不是个人。

表　2-2

现行做法	较佳做法
将员工、销售人员、部门、团队的绩效排序；奖励名列前茅者，惩罚殿后者。实施所谓绩效考核制度	废除排序或绩效考核级制，将全公司视为整个系统来管理。其每一组成部分、每一单位的机能，都能在良好的管理之下，让系统发挥其最佳的表现

用一个简单的方程式，就可帮助读者了解：将员工排序并没有什么意义。假设 x 代表某人的贡献，(yx) 代表系统对于他绩效的影响。如果我们有明确代表绩效的数字，诸如一年内发生 8 次错误，或销售金额为 800 万美元，则

$$x + (yx) = 8$$

我们需要解出 x。可惜有两个未知数，却仅有一个方程式，即使是高中生也知道，我们无法求得 x 的值。然而采用考绩制度的人，却认为可以求出 x，他们完全忽略了另外一项 (yx)，它具有主控制作用。

另外还有一个因素应该列入考虑，那就是所谓的皮格马利翁效应[⊖]（Pygmalion effect）。一开始时就被评定为名列前茅者，会一直保持高绩效。反之，一开始时就被评定为殿后者，也会持续表现低绩效。[1]

⊖ 皮格马利翁为希腊神话中的人物，爱上自己所雕刻的女子像，最后雕像变成真人，他如愿与美女结婚；此效应指受激励者如果知道对方对他期望高，他自己会自我激励，让成绩更好。——译者注

排序会造成人与人之间、销售人员之间、小组之间、部门之间的竞争，从而打击员工的士气。

大家之所以会采取排序的方法，乃是因为不了解由共同原因所导致的变异（参见《转危为安》）。

本书第 7 章会告诉大家排序的困难及错误。

所谓的考绩制度，引发了员工之间的冲突，把他们的注意焦点转移到争取绩效排序要高、考绩要好，反而不是工作本身。依成绩任用及晋升制破坏了合作。在第 6 章还会再谈到这个主题。

加薪。或许有人会质疑，如果没有依成绩任用及晋升制，那么要如何决定谁应该加薪？

我的答案是"排序是一场闹剧"。本书第 7 章会有所说明。

谁该加薪？系统内的每一个人都该加薪（参见《转危为安》）。

没有第一、第二、第三，也没有最后一名，因为根本没有等级。至于任何绩效在控制界限之外的员工，都需要特别的协助（参见本书第 6 章）。

将员工排等级，正显示管理者的失能。

采取依成绩任用及晋升制，所有人都会想方设法讨好上司。结果将会导致士气低落，质量跟着受损。

考评员工，把他们依序排好，不能帮助员工将工作做得更好。

那么应该怎么做才对？很简单。下星期一早上把贵公司的绩效考核制度废除，并且向员工说明理由。他们一定会欢呼、庆幸。

可惜的是，美国国会强制要求把政府员工排等级。为什么国会偏要人为干预自己一窍不通的事呢？

在美国，最后遭殃的，总是排在最前面的人。他们的红利绝不会受损。

日本的牺牲顺序正好相反。公司遇到经济困境时，他们会采取以下的步骤[2]：

（1）减少红利，甚至完全取消。

（2）削减高阶人员的薪资与奖金。

（3）高阶人员更进一步牺牲。

（4）最后一步，才要求基层员工协助共渡难关。

那些不需要靠工作赚钱的人，鼓励其留职停薪。

那些可以提早退休的人，请他们提早退休。

（5）如果仍有必要，才会要求留下工作的人减薪。但是，不会去解雇任何员工。

表 2-3

现行做法	较佳做法
奖金制度，依据绩效核薪	废除奖金制，不再依据绩效来给付报酬，让每个人都有机会以工作为荣

个别员工的绩效之衡量，除非是以长期为基础，否则根本无法做到。参考第 7 章"红珠实验的教训"的说明。

奖励绩效良好的人员这一做法没道理，正如因为好天气而奖励气象预报员。

奖金制度的效果只会着重在数字上，会使目的的追求失效。

举例而言，业绩最高的销售人员，或许因为销售过于吹嘘，反而会造成公司的大损失。因为他可能卖出比顾客实际需要为大型的复印机、销售一份客户负担不起的保险、轻率承诺可以立即交货，或者给予未经授权的折扣。同样糟的状况是，业绩最高的销售人员或许会以"顾客负担不起"为借口，卖出比顾客真正需要更小型的复印机。无论是上述哪一种状况，顾客都会埋怨公司卖给他们错误的商品。

表　2-4

现行做法	较佳做法
不将组织视为一个系统来管理，反而让各部门成为个别的利润中心，结果是人人皆输 　　公司内的个人、小组、部门，各自以利润中心方式运作，而非以整个组织的目标为念 　　公司各组成部分实际上自我剥夺长期利润、工作乐趣及其他生活质量上的要素 　　依我的经验，这种情况会导致缺乏沟通。员工已不再期望了解本身工作与他人工作之间的关系，而且员工彼此也不提及这方面的问题	将公司视为一个系统来管理 　　明智地扩大系统的边界 　　系统必须考虑未来的情形 　　鼓励沟通。安排公司内各部门人员实际进行非正式对话，不分职位和阶级。鼓励持续学习与进修。有些公司会组成体育、音乐、历史、语言等社团，并且提供读书会必要的设施。公司也负担在公司外社交聚会的费用

教育、产业以及政府都应如同一个系统般互动，彼此合作——双赢（win，win）[一]。

任何组织的首要步骤，就是画出显示每一个组成部分之间相互依赖的流程图。如此每个人才能了解自己的真正职务是什么。诚如保罗·巴塔尔登[二]（Paul Batalden）医师1990年11月13日在我的研讨会上所说的，每个人都需要了解：该流程是企业或组织的展示道（cat-walk），一个流水般的程序图。

表　2-5

现行做法	较佳做法
目标管理	研究系统理论。系统内各组成部分的管理，应求达成系统整体的目的

在执行目标管理时，将公司的目标"展开"划分为各个组成部分或部门的目标。我们通常会假设，如果各部门都达成它分到的目标额度，则整个公司的目标也就自然达成。然而一般而言，这种假设并不能成立：部门之间总是彼此相互依赖的。

可惜，不同部门的努力不能简单相加成整体的成绩。例如，采购人

[一]　一般人写法为win-win。——译者注

[二]　他是2010年美国质量协会（ASQ）的戴明奖（Deming Medal）得主。——译者注

员的买价比去年节省了 10%，但在制造过程当中反而增加了成本，又损及质量。另一个可能是公司享受到大量购买的折扣优惠，却造成库存过多的问题，从而也妨碍对于未来不测变动的反应及弹性。

对于上述说法，彼得·德鲁克（Peter Drucker）有深入的了解，解释得很清楚。可惜许多人都没读过他提出的警告 [参考《管理：使命、责任、实务》(*Management*：*Tasks*，*Responsibilities*，*Practices*，Harper & Row 出版，1973)]。

美国企管教育的可怕故事。有一位学生告诉我，他在华盛顿一家著名大学的企管学院选修一门课，该课程会教人如何使用目标管理与结果导向的管理，以及如何将员工排等级。他知道这一切都是错的，但是为了不被批评，他闭口不说。可悲的是，他的班上有 8 位来自中国的学生以及其他外国学生，却学习了这些错误的内容。他们回国后会告诉他人留学所学到的美国式管理方法。他们怎么会知道所学到的知识，多半是错误的？

表　2-6

现行做法	较佳做法
设订数字化目标	着手于改善过程，并且要追问：该以何种方法改善

数字化目标并不会完成什么。重要的是方法，而不仅是目标，要多问"该采用什么方法"。

数字化目标会导致扭曲和作假，尤其是当系统根本无力达到目标的时候，更可能如此。每个人都会设法达成被分到的配额（目标），但却并不对由此所导致的损失负责。

1992 年，西尔斯 - 罗巴克百货公司（Sears Roebuck）的业绩衰退，起因就是该该公司将目标指派给旗下的汽车服务中心。这些代理商设法达成其目标，却伤害到顾客以及公司的信誉。错误出于管理者所设定的目标，而不在于代理商。

其实，管理者应该专注于流程的改善，而不是设定目标数字。流程图可以呈现示出过程，问题是如何改进这个过程。第 6 章提到的 PDSA 改善循环，可以有所帮助。

配额（quotas）。生产配额和数字化目标可以说是难兄难弟。一家在旧金山的大银行，规定某位员工必须达成每个月贷款 8300 万美元的配额。他做到了，但银行也陷入呆账的困扰。我们可以责备这位员工吗？他的生计依赖于每月都要达成配额。

工厂的生产配额，是很难废除的习惯。不过，有人能够在 6 小时之内完成配额，剩下 2 小时用来看电视、玩牌、阅读。这些人很喜欢这种工作方式，因为游戏规则是生产量数字，而不是产品的质量。在过去竞争不激烈、质量的要求不受重视的时代，这种问题不大。如今，配额是困扰管理者的问题，却难以废止。

远离配额方式的一种做法是，导入水平的生产线[⊖]（horizontal production line），以配合工人自动自发的精神，每个人都去做任何他该做的事。连续生产线的某一位工人缺席时，可能会断线，而这种做法可以补救它。

表　2-7

现行做法	较佳做法
成果导向管理 遇到有过失、缺点、顾客抱怨、延误、意外、故障，立即采取行动 只依据最近的数据点行动	了解造成过失或缺点等的过程，并改进 了解变异的共同原因及特殊原因之间的差别，依不同原因采取不同的对策（参见《转危为安》）

⊖ 这是指各种生产系统以弹性，而非效率为主导思想，各生产站采有"联邦式"的水平整合方式。——译者注

采用成果导向式管理只会带来困扰，而不是减少困扰。

到底哪里出错了？我们当然期望好的成果，然而成果导向式管理却不会带来好的结果。以成果为导向的管理方式，只针对结果采取行动，也就是认定结果来自某种特殊原因。其实，重要的是针对造成该结果的原因（也就是系统）下功夫。举个例子，成本不是原因，成本来自原因［吉普西·兰尼（Gipsie Ranney），1988］。

例子：高阶主管每天早上 8 点询问厂长，昨天的生产成果如何？答案很明白，不是比前一天高，就是比前一天低。这个问题的重点是什么？数值的高高低低的意义是什么？

依据我的经验，绝大多数的麻烦以及改进的最大可能性的比例，大致如下：

94% 来自系统（管理者的责任）。

6% 来自特殊原因。

我们学会第 7 章的红珠实验之后，就会了解上述比例的意义。

我们也会了解，从业人员的技术再高明，精神再专注，都不足以弥补系统的根本缺失。

表 2-8

现行做法	较佳做法
以最低标方式来购买物料及服务（十四要点中的第四点）	估计使用物料及服务的总成本——初购成本（采购价格）加上预估使用期间发生问题的成本，再加上这些问题对于最终产品质量的影响

众所周知，美国华盛顿市的地铁设备经常出现故障。有人指出杜邦圆环站的电扶梯，肯定至少有一架业已完全停摆。相较之下，伦敦、巴黎、东京或是莫斯科的地铁则很少见到电扶梯停摆。

华盛顿的问题在于一律以最低标购买设备，伦敦、巴黎、东京、莫斯科则否。

事实上，市政府或其他政府机构采购物品或服务，通常是偏好本地的厂商，区域外的厂商往往被排除在外。因此，本地厂商占有竞争优势。当供应者与顾客之间的关系愈加紧密时，每年重新签约，大多沦为形式而已。这种厂商与顾客愈加紧密的关系，如果管理良好，可以确保质量逐年提升，成本逐年降低。

美国的国内邮资，就是另一个只考虑低价格的例子。目前的普通邮资只有 29 美分，大概是全球最低廉的，而服务却是工业化国家中最差的。

或许我们当中有些人宁愿多付一点邮资，来换取较好的服务。

表　2-9

现行做法	较佳做法
将质量授权给某个人或某个团队	最高管理者为质量负责
指派一个人担任质量副总裁，这种做法的成效会令人失望。质量是最高管理者的责任，无法授权给他人	

采取行动的需要。管理者的行动或没有行动，究竟导致了多少重要的损失，没有人能知道，即我们无从得知管理者的作为与无作为之效果 [劳埃德·纳尔逊（Lloyd Nelson），参见《转危为安》]。然而，我们仍然必须学习如何管理这些损失。如果我们无法面对问题而克服之，未能遵行渊博知识系统而将管理转型（见第 4 章），将难逃加速衰退的命运。

"不能测量，就无法管理"，这个假设是错误的，它会让人付出高昂的代价。

巧合与因果不能混为一谈[3]。没错，任何人都可以列出一长串业绩良好的公司名单，尽管它们多少实行了前述的不当管理做法，却活得很好。这些公司可能是因为运气好、巧合或是有产品或服务占有市场的优势。这类公司的管理阶层，如果懂得一些管理理论，必定会使公司表现得更好。

如果我们研究这类公司，却没有理论依据，不知道该提出什么确切的问题去反思，就很可能会在"它们一定没做错"的想法之下，贸然模仿。模仿注定会带来灾祸。

同样，有些公司完全依循正确的方式而行，却挣扎在存活边缘。当然，它们如果管理不当，后果会更严重。至于会糟到什么地步，可就没有人知道了。

我们已走得多远了呢？如果仔细地去思考现行管理系统的源头以及其效果，我们不禁会问："有人关心长期的利润吗？"

为什么我们会问这样的问题？每一位管理者都自认为是全力以赴的。他们确实如此，而这正是问题所在。他们的"最佳"，是立基于现行的管理系统之下，而这个管理系统，正如我们前面所指出，会引起难以估算的巨大损失。如果没有援引外来的知识，单凭管理者依据旧想法而全力以赴，只会愈陷愈深。

表 2-10 是有关领导与转型，表中显示我们的现况，以及有待努力的地方。由福特汽车公司的爱德华·贝克（Edward M. Baker）博士所拟。

表 2-10 转型的领导理论

应用领域	是否实行	幅度
整体的企业策略与规划	尚未	这些领域可以有重大收获，97% 尚待开发
全公司的制度（人事，训练，薪资制度，奖金，年度考核，绩效奖金，法务，财务，物料的采购，设备与服务）	尚未	
有数据可查的独特过程	已实施	3%

不知道为什么，转型理论大多只是应用在工厂作业上。每个人都知道统计质管，这一点当然很重要，但是工场作业毕竟只占全体的一小部分。即使在那 3% 的部分完全成功，可能仍难逃被淘汰的命运。

统计质管的原则，就是区分共同原因与特殊原因，它的最重要的应用，乃是在人员管理方面（参见第 6 章）。

现今管理者所进行的改变，有 95% 并没有任何改善作用。在组织重组、购买新计算机等方面，都可以发现这种例子［彼德·萧科尔斯（Peter Scholtes）称此为第 7 定理，1992 年 1 月］。

当心常识的误用。根据常识，应该对学校的学生进行排名（打分数），对员工的工作表现排序，把医院成本、团队、部门、代理商排等级。每月奖赏表现最好的，惩罚最差者。对于月账误差最大的售票员，罚他放一天无薪假。

根据常识，要给员工（或小组）指定配额，每天生产若干件产品，每天或每小时烫好若干件衬衫，饭店清洁人员限 20 分钟打扫完一间客房，每位工程师每月要交出定额的设计图。但这样要求的结果会是：成本倍增，员工被剥夺以自己的技术为傲，也不可能有任何改善。

根据常识，当顾客对于产品或服务有所抱怨时，要把问题转告作业人员。"我们已经把事情转告作业人员，问题不会再发生了。"[4]

根据常识，当产品或服务不符规格时，要采取行动，立刻设法解决。问题是，该采取什么行动？

今天所采取的行动，或许会在明天产生更多的错误。也许重要的是我们应该针对产生缺陷的流程采取行动，而不是针对造成错误的员工。

根据常识，我们应该奖励"本月最佳销售人员"（该月销售最多的人员）。但事实上，他的作为或许反而会对公司造成大伤害。

业务或销售人员应以薪资取代佣金。位于美国得克萨斯州休斯敦的加勒里家具公司以薪资取代佣金制度，结果业绩稳定成长。采用此制，资深销售人员会开始帮助新手，而且销售人员之间也不再互抢生意，反而彼此帮忙。他们还会协助仓库人员搬物品，以免碰撞或刮伤。他们为消费者着想，确保消费者能买到与住宅及现有家具相配的家具。

结果，销售金额逐月上升。该公司每平方英尺店面的获利，增加得更快。

该公司经理吉米·麦金韦尔曾经两度参加我的"四日研讨会"，从中得到的结论是：根据销售额支付报酬的做法，是错误的，给付销售人员薪资，比较适宜。

另外一个平行的例子。该公司的业务是配销数千种商品，客户是制造商。营业区域分为38个区，各区经理的奖金视销售额而定。因此各区彼此不合作，不但不会调货给另一区交货，甚至会侵入他区抢生意。

管理人员会每小时询问区经理销售的情形，如果业绩退步，还会要求他们解释原因。

后来最高管理者作出一项改革：让区经理改领固定薪水。结果，销售持续增长；各区彼此合作，所有库存列档并以计算机互相调配。

各区仍要呈报数据，但数据是用来绘制控制图的，以掌握趋势。管理者如今了解变异的共同原因以及特殊原因的区别。

在先前的制度之下，超额的销售会有奖金可分。然而，有些销售人员的业绩之所以很高，可以领奖金，只不过是因为他们所销售的乃是需求高的物品。另一些销售人员表现不佳，则是因为他们负责的是需求低的物品。

采用佣金制时，焦点在销售；采用薪资制时，焦点在顾客。过去不会上门的顾客，如今也光顾这家公司了。

该公司的改变，是始于总经理的蜕变。他原本深信目标管理、成果导向管理以及业绩奖金等做法。后来他参加了我开的四日研讨会，并且做了前述的改变。如今他把公司以整体系统的方式经营。

标的、宗旨（目的）、希望。生命如何能够没有目的与希望？每个人都有自己的目的、希望、计划。但是，一个无法达成的目标，只会带来沮丧、挫折、消沉。换句话说，必须有方法能达到目标。用什么方法呢？

当公司要求员工为达成某一目标负责，就必须提供他完成任务的资源。

每家公司都有宗旨，也就是公司对于本身不变目的的声明。

生活中的事实（真相）。有些生活中的事实，既非目标，甚至称不上是目的。例如，如果到年底，我们的错误和不良品无法降到3%，就要面临倒闭的命运。这并不是目标，而是生活中的事实。当然，公司上下会竭尽全力，找出他们认为能有效降低不良品比率的方法，以求能让公司继续生存。换句话说，如果对生活中的事实，或发自生活中的需求，能藉规划或执行某种方法来完成，或许就可以将之转换为一个标的或目的。

提标的数字是徒劳的。如同先前所说，标的数字并不能完成什么。重要的是方法——采用什么方法？请记住劳埃德·纳尔逊（Lloyd Nelson）的箴言（《转危为安》）。如果你不采用什么方法就能达成某标的，那么去年为什么不去这样做呢？唯一可能的答案是：你太偷懒了。

标的数字是要追求的至高至善之不安的具体化，可惜对于大多数的凡人而言，实际上它是不可能做到的［概述卡洛林·亚历山大（Caroline Alexander）在《纽约客》（1991年12月16日, 93页）的大意］。

画一张数据图可能有所帮助。如果流程是稳定的，则根本不可能达成超出控制上限（upper control limit）的数字化目标。图2-1或许可以帮助读者了解这句话的意义。在稳定状态下，每天产出的变动，都是源自共同原因，而控制上限就代表现行流程的最大极限。产出量想要超出控制上限，就如同要抗拒地心引力一般不合理。想要超出控制上限，唯一的方法是改善流程，使得新的控制上限能在目标值之上。这时我们所需要的，是改善流程的方法。问题就是，该用什么方法？［劳埃德·纳尔逊（Lloyd Nelson），参考《转危为安》］图 2-1 中数字标的落在控制上限之外，表示它无法以现行系统来达成。^㊀

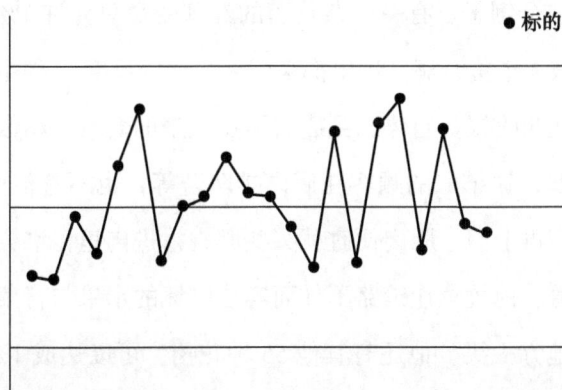

图 2-1　数字标的落在控制上限之外，表示它无法以现行系统来达成（取自布莱恩·乔依纳（Brian Joiner）博士于 1987 年发表的一篇论文）

如果流程不稳定，也就是处于混沌状态，那么，任何状况都有可能发生，或许会更好，或许会更坏，这时流程的绩效就无从预测。

目标数字是否可达成？任何目标，谁都可以采用如下方法去达成：

- 重新界定词义
- 扭曲与作假
- 提高成本

㊀　取自布莱恩·乔依纳（Brian Joiner）博士于 1987 年发表的一篇论文。参考莱恩·乔依纳（Brian Joiner）《第四代管理》第 8 ～ 9 章。——译者注

我在《转危为安》中，谈过工厂检验员虚报数字的例子。他如此做是想保住 300 位工人的工作。因为据说工厂经理宣称，如果任何一天生产的不良品比率高于 10%，他就要关厂并且解雇工人。姑且不论经理是否确实说过这些话，或者是否确实会如此做，重点是 300 位工人以及检验员都认为这种情况可能会发生。因此检验员从来不让不良品比例高于 10%，他的数据和控制图上的点，全都是捏造而来的。这些数字会误导，也具体说明了"有恐惧就有假数字"的道理。

再举另一个例子。有一位杂货店的经理受命只允许 1% 的损耗（进店货品金额减去销货金额，进出都采用相同计价尺度），他也做到了。货品送来时，他叫收银员暂停，到店后清点送来的盒数、箱数和物品，以避免任何遗漏，让结账的顾客在店内排队苦等，也不管他们是否厌烦，或者决定永不再上门。肥肉便宜就买些肥肉掺进肉里，谁会知道呢？有些顾客就知道。他故意让销路不佳而容易腐坏的水果与青菜缺货，顾客必须到其他地方去买。他还有其他 55 种花招，可以达成 1% 的耗损率，而所有这一切花招，都对业务有伤害。他为了讨生活，所以谁可以怪他呢？［感谢哥伦比亚大学的约翰·惠特尼（John O. Whitney）教授。］

某一座核能电厂设定目标：每年跳机的意外，不得超过 11 次。如果快要超过目标时，电厂的管理者就会延后维修，或者发包外面的公司来维修，让意外记在别人而非自己的账上。

目标与成本。一家货运公司为了降低成本，聘用要低薪但不合格的职员来计算运费。结果让一位顾客发现许多不寻常的错误，便雇了一位稽核员去调查这家货运公司所超收的运费。依据美国和加拿大政府的规定，货运公司必须退还任何超收的金额。因此，这家货运公司必须聘用一位稽核员来调查档案，清查超收与短收的纪录。但短收少于 100 美元者，公司并不向顾客补收（有例外：有的公司设定为 50 美元，也有设为 15 美元的）。业者要将超收的部分全数退回，却得承受大部分短收的损失。结果当初省下计算运费的钱，却因收费错误而损失了 20 倍，算起来损失十分大。[4]

公共领域的数字目标恐怖实例。1991 年，美国教育部出版了《美国 2000 年：教育的研究》（*America 2000：An Educational Study*），这本小册子充斥了数字目标测验、奖励，却没有提到用什么方法去达成。以下就是一些实例：

数字目标

第9页。2000 年时，高中生毕业率将提升到至少为 90%。

美国每所学校都会确保学生能学会 XXXX。

美国每位成人都识字。

每所学校都没有吸毒问题。

第15页。目标：在 1996 年至少新设 535 所学校。

第16页。无论采取什么方式，预计美国所有新学校都会在学生学习上有特殊的进展。（用什么方法？）

第17页。到 1996 年，每一个区域内至少新设一所学校。

第19页。对于所有联邦补助的成人教育计划，建立绩效标准，同时要求计划能符合这些标准。

成绩单。[5]政府将会在各公开发行报告中，列示各项测验的结果，以施加进一步压力，如此也可以比较各州以及全国 11 万所公立学校的绩效。这个想法的出发点是，人民会要求进步。

别管方法，即以结果来管理：错误的

第13页问：全民测验是否表示要有全国统一的课程？

答：不是。虽然调查与问卷显示，大多数美国人并不反对一个全国性的课程。美国学业测验（American Achievement Tests）检验教育的成果，却不问这些结果如何产生、教师每天在教室做什么、采用什么教材，或是遵循何种教学计划。由于完全将焦点集中于成果，因此对于教育的方法比较没有规范。

依绩效而核薪资制度

第 13 页。依办学成绩来评定学校制度。个别学校如果在达成全国教育目标上有显著的进步，就给予奖励。

第 14 页。表扬教师，奖励 5 项核心科目的杰出教师。

教师薪资差异化，对教学绩优者，任教主科者，在危险及挑战的环境下教学者，或担任新教师的指导者，建议采取差异化薪资。

第 12 页。成绩报告。除了向家长报告子女表现之外，成绩单也可以提供明确（以及可供比较）的信息，显示每所学校、每个学区以及每州的表现如何。

这些做法有什么错？答案是：数字目标不具任何效果。将个别学生、学校、学区依排名奖励，并没有改善系统。唯有方法最重要。到底该用什么方法？非常不幸，这些目标公布在学校里。在学生人生开始之际带来坏的示范，因为这些目标并没有达成的方法。

读者可能会好心地自行解释，写这些报告的委员会也已尽了力，他们只是没有体察到自己需要一些真正的知识。他们怎么会懂得这一点呢？

附带说明：《美国 2000 年》最早是于 1989 年总统召集 50 州州长的"教育高峰会"中归纳提出。1990 年由白宫将这些目标整理印行，后来纳入《美国 2000 年》。

这项做法或许是一个扩大委员会规模的例子。我们将在第 4 章中学到，扩大委员会并不是获得渊博知识的方法。

但他们怎么会懂得这些呢？

注释

1. 参见 Robert Rosenthal and Lenore Jacobson，*Pygmalion in the Classroom*（Holt，Rinehart，and Winston，1968）.

2. 参见耀西鹤见（Yoshi Tsurumi），*The Dial*，September 1981.

3. 参见 William W. Scherkenbach，*The Deming Route to quality and productivity*（George Washington University Continuing Engineering Education Press，Washington，1986），p.28。本书多次引用此书，有中文译本⊖.

4. 其他实例可参见乔伊斯·奥尔西尼（Joyce Orsini）其他的例子，请参考下篇论文：Joyce Orsini《国家生产力评论、分红或奖金制：冲击力是哪些》（"Bonuses：What is the Impact?"）*National Productivity Review*，1987 年春季号.

5. 1991 年 4 月 29 日，《时代周刊》第 53 页.

⊖ 《戴明修炼 I：质量与生产力突破：落实戴明理念的指示图与路障》。——译者注

系 统 导 论 [1]

> 人除了吃喝和享受自己劳作之所得以外，别无更好的事。
>
> ——《圣经·传道书》第 2 章 24 节

本章目的。 在第 2 章中，我们看到了自己生活于现行的管理方式的威权之下。大多数人以为，这种管理方式由来已久，而且不能更改。事实上，它是现代的产物，也是导致我们走向衰退的陷阱。因此，经营管理必须转型。

教育界、政府及产业界，也都需要转型。

第 4 章要介绍的"渊博知识系统"，正是有关转型的理论。

渊博知识系统不可或缺的部分，就是对于系统的理解，这是本章所要讨论的目的。

何谓系统？ 所谓"系统"，就是一组互相依赖的组成部分，通过共同运作以达成该系统的目的（宗旨）。

系统必须有目的，没有目的，就不成系统。系统内的每一个人，都必须对于该系统的目的相当清楚。目的必须包括对未来的计划。目的也是一种价值的判断（我们在此谈论的，当然是人造的系统）。

系统内所有各个相依的组成部分，并不一定需要被明确地定义出或形诸文字：有些成员只是很自然地做其该做的工作。因此管理者要管理一个系统时，必须了解系统内各组成部分之间的相关性，以及系统内的人员。

系统不会自行管理，而必须有人来管理。西方企业界放任自行其是，结果是各部门都变成自我本位、彼此竞争的独立利润中心，因而破坏了整个系统。

组织成功的秘诀在于：各个部门之间彼此合作，朝向共同的目标努力。组织承受不起因部门之间竞争而带来的破坏。

管理者的职责。管理者的工作在于指导所有部门的努力都要朝向系统的目的。首要步骤就是厘清：组织内每位成员都必须了解系统的目的，以及如何让自己的努力有助于该目的的达成。每个人也都必须了解，一个团队如果成为自私、独立的利润中心，会对整个组织带来怎样的危险与损失。

推荐的目的。无论任何组织，我要推荐的目的是：长期下来，每个人（股东、员工、供货商、顾客、小区、环境）都要能获利。例如，对于员工来说，目的或许是提供他们良好管理，有协助其进一步成长的训练与教育机会，以及其他有助于其能以工作为乐和生活质量的要素。

读者或许还记得，我的管理十四要点中的第一点，就是要求明白宣示目的的恒久性或一致性，也就是说明系统的目的（参见《转危为安》第2章）。

贵组织成系统吗？一家公司或机构也许有办公大楼、桌椅、设备、人员、水电、电话、瓦斯、公共服务。但是，它是一个系统吗？换句话说，它有目的吗？

有些公司由于采用短期的思考方式，唯一的目的只是追求眼前的存活，从来没有想过其未来。

目的（宗旨）的发展。[2]人类真正需要的是交通的方便，而不是需要汽车、火车、巴士或飞机等交通工具。儿童需要的是阅读技巧，而不是某种课程、教科书或教学方式。宗旨的选择，显然代表价值的厘清，尤其是当有诸多选择可供取舍的时候，更是如此。

一个系统必须能创造某种价值，也就是要有某些成果。而其目的的设定，乃是根据该系统想获取的成果，再加上综合接受者以及成本方面的考虑。所以，管理团队的任务，就是确认目的，并管理整个组织，为完成这些目的而前进。

重要的是，绝对不要以某种特定的活动或方法来界定目的。目的必须与每个人取得更好的生活相关。

目的之设定，要优先于组织系统及其中的工作人员。譬如说，工作人员不应该是决定目的的源头，因为如果目的未定，谁会知道应该挑选哪一类工作人员？我们会请鞋匠或铲车司机来参与决定宗旨吗？如果我们从许多人中挑出一位雇用，就显示目的已经存在，即使并没有明白叙述出来。

领导者有责任将目的的决定与强化，定为主要该贡献的事。这项任务的重心，可能集中在一个人（如企业家）、一组人（如董事会），或是众多投资人的身上。无论目的是在哪里定出的，在整个组织中，都必须取得对于目的的共识。

系统的管理。如果不能让全员全力以赴、为达成组织的整体目的前进，那么可以断言，该组织一定无法达成最佳的整体结果。这样一来，人人都是输家，即使在成功的利润中心工作的人员，也不例外（下面会以实例说明）。因此，管理者的职责很明确——让每个人都获得最佳结果，人人都是赢家。时间会带来改变，管理者必须管理这些改变，即必须尽可能地预测变化。当系统日益扩大、日趋复杂，或是由于外力（竞争、新产品、新设备）而带来改变时，必须对于系统各组成部分的工作，进行整体的管理。管理者的另外一项职责，是做好相应的准备，经由系统边界的改变，而更有效地达成目的。改变有时可能会要求管理者重新界定组织的各组成部分。

系统的管理，可能需要一些想象力。举个美国国防部的例子，某小组的管理者从微薄的预算中，拨款改善海军基地的官兵宿舍。他们的理由是，没有好宿舍，就找不到人去驾驶海军飞机。

有时某一部门虽承受损失，却会让整个公司受益。下面的简单例子，是我多年前为《底特律日报》做某项目时观察到的。该报社为了让员工不必外出吃午餐，餐饮部门特别供应物美价廉的餐点。如此一来，员工不会费时外出吃午餐，有更多的时间专注于工作。就我所知，餐饮部门每份午餐都要亏损 0.6 元美元，但是整体而言，公司却会获利，因为员工会更少回家用餐，把更多的时间投入工作之中，他们也为公司的体贴而心存感激。

系统要着眼未来。管理与领导团队还有另一项职责，就是让公司能主导自己的未来，而不致沦为环境的牺牲品。第 1 章提过的化油器以及真空管，就是很好的例子。再举一例，需求高时加班赶生产，这要多花钱，而需求大幅降时，设备与人员将闲置，也会亏钱，换句话说，需求超过与不及，都会使生产者蒙受损失，所以倒不如采取将需求平准化，采用平稳的生产方式，或以符合经济的速率增加产量。另一个可行之道，是以机动且有效率的做法，配合需求的高峰与低潮。另外的例子是，管理者也可以预期顾客对于新产品或新服务的需求，加以满足，从而改变公司甚至整个产业的方向。

为未来做准备，包括了要让员工能终身学习，包括对于环境（技术、社会、经济）的持续观察，以便掌握对创新、新产品、新服务的需求以及方法的创新。公司在某种程度之内，确实能够掌握自己的未来。

5年之后，我们的公司将会从事何种行业？10年之后又如何呢？我们的公司是否还是在生产化油器？

任何系统都需要来自外界的指导。再说一次，系统无法自行了解自己。

每个组织可能都应该有一位担任总裁特别助理的人，负责教导及辅导渊博知识系统。

由第1章的例子可知，流程图有助于我们了解整个系统。

了解系统，有助于预测我们所建议的变革将会产生什么样的结果。

系统的边界。系统的范围可以从图3-1来说明，它可以是一家公司、一个产业，甚至整个国家，如同1950年的日本。系统涵盖的范围愈广，可能产生的效益就愈大，但是也更难管理。系统的宗旨必须包含未来的计划。

以整个产业作为系统的例子，可以在威廉·大内（William Ouchi）所写的《M型社会》（*The M-Form Society*, Addison Wesley，1984）一书中找到。大内曾应邀在某个同业公会的会议中担任专题主讲人，会议地点是迈阿密机场附近某优美的渡假胜地。议程一共3天，每天只开会至中午，然后与会者就可以去钓鱼或者打高尔夫。大内博士在第一天早上的会议发表演说，他说自己偶尔会去钓鱼，有时候也打高尔夫球，但是他认为将这群人的活动和远在日本的直接对手做对此，或许会很有意思。

大内博士说："上个月，我在东京参加了好几次会议，是由各位竞争对手举办的，总共有200家大大小小的公司派员参会，他们如同身在同一个系统内般共同合作，致力于产品设计、外销政策、仪器测试。使得任何一家的示波器都与他们顾客的分析仪器互通。他们由早上8点工作到晚上9点，每周工作5天，经过好几个月的努力，终于达成共识。

请问各位，5年后谁会领先？是你们？还是你们的对手？

美国公司敢如此合作吗？或许现在可以了，因为在1984年，《美国国家合作研究法案》（National Cooperation Research Act）已经通过。然而，美国管理者仍应该学习：为了竞争，必须要合作。美国过去有《克莱顿（反托拉斯）法案》(The Clayton Act)，它仍然是这方面的阻力。

系统包含竞争对手。竞争者为了扩大市场以及满足尚未服务的需求，合作或共同努力，将会有助于他们的优化。当竞争者的焦点是提供顾客更好的服务（例如降低成本、保护环境），每个人都可以获益。

典型的公司管理者，经常都花相当多的时间思考其市场占有率。我们公司在市场大饼中所占的比率如何？要如何从对手抢些市场占有率来？

如果所有的竞争者能善用这些你争我夺的时间与精力，致力于共同去扩大市场，这样大家该会更好，每家公司都会受益。

1960年，美国三大汽车公司几乎联合垄断了市场。这三家公司的管理者费尽心思，为公司的市场占有率而烦恼：我们目前情况如何？与竞争者相比的表现又是怎样？比上个月进步还是退步？

如果三家公司能致力于扩大市场，填补当时尚未能满足的广大市场需求，不是更好吗？因为事实上，当时美国仍有 200 万人需要售价较低、耐用、维修成本低的汽车。结果，日本汽车长驱直入，占有了这个市场。

什么引燃了日本？图 3-1 显示的流程图，在 1950 年引介至日本，此后日本完全改头换面。这幅流程图，展现给最高管理者以及工程师的是一个生产系统。日本人原本就有大量的知识，但是零碎而未经整合协调。这幅流程图使他们能将知识与努力都导向一个生产系统，并配合市场，也就是预测顾客的需求。如今全世界都已经知道这项改革的成果了。

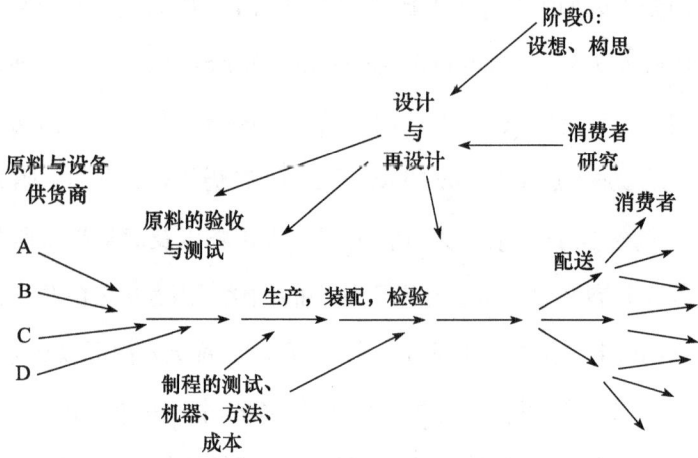

图 3-1 把生产视为一个系统。质量改善包含了整个生产线，从进料到交货给顾客，与为未来产品与服务的再设计。本图第一次使用是在 1950 年 8 月的日本。如应用系服务型组织，那么来源 A、B、C 等，可能是数据来源，或从前站进来的工作，例如账单（在百货公司中）、账单计算、存款、提款、存货的进出、誊写、送货单等

从 1950 年起，在每次我与最高管理者的会议，或训练工程师的教学中，都会用到这幅简单的流程图。

当管理者与工程师懂得运用他们的知识时，就会开始付诸行动。

附带一提，东京的森口繁（S. Moriguchi）博士最近告诉我，在1950 年及以后，最高主管参加的每场会议，其参加者各公司的总计资本额，都达到日本上市总资本的 8%。

这幅流程图的开端，是某个关于产品或服务的诸构想——顾客可能需要什么，也就是预测（详见第 6 章）。

由这项预测可以导出产品或服务的设计。接下来的步骤，包括观察顾客使用产品的情况，再重新设计——新的预测。这个循环不断运行，设计再设计，形成一个持续学习以及持续调整的过程。

使用这个流程图，可以提供产品或服务、持续改进以及不断学习的回馈回路（feedback loop），使我们能藉以观察，重新设计在成本、销售和顾客评估等各方面的效应［由芭芭拉·劳顿（Barbara Lawton）博士和奈达·巴凯蒂斯（Nida Backaitis）博士共同提供］。

系统的动力学。为了使流程图有用，由系统任何部分所流出的原料与信息，必须与下一阶段所需要的投入相配合。流程图的目的，是原料由前面流入，在最后转化为有用的产品或服务。因此，图 3-1 所描述的，不仅是物料的流动，也包含管理系统所需的信息流动。

我们改动系统的一个或者多个组成部分时，流程图能协助预测系统的哪些组成部分会受到影响，以及幅度有多大［由芭芭拉·劳顿（Barbara Lawton）博士提供］。

读者可参照本书中其他流程图，如第 1 章的圣心联盟及第 6 章的引擎开发阶段。另外，第 6 章的 PDSA 循环，则是一个学习以及改善过程或产品的流程图。

工作中的喜乐。假如我们在图 3-1 中填入人名：你在这里工作、约翰在那里、我在这里。如此一来，每个人就可以一眼看清楚自己的职责——我要依靠谁，谁会依靠我。任何人都能了解自己的工作如何与他人的工作相互配合。他对工作会努力、用心。他会知道把工作做好的价值。这样他或能享受工作的喜乐。

这种流程图可作为组织图，它会比常见的金字塔组织图有意义得多。金字塔图只是显示职位的上下关系，谁应向谁报告，虽然标示了指挥与责任的层级，却没有指出任何一个人的工作与他人工作之间的关联。如果说金字塔图真的传递了什么信息给员工的话，那就是：每个人首要的工作就是取悦上司（以便取得好的考绩）。顾客也没有被包括在金字塔组织图内。因此，即使金字塔式组织图原先有其做图的目的，却反而破坏了系统。

金字塔式组织图，确实具有破坏系统的作用，因为它促使组织的诸部门各自为政，形成个别的利润中心，以致破坏了系统［上述两段观察由奈达·巴凯蒂斯（Nida Backaitis）博士提供］。

我之所以会在 1950 年访问日本，是受到日本科技联（JUSE，日本科学与工程联盟之简称）的邀请，当时日本产业的发展，仍处于萌芽阶段。之前，我于 1947 年到过日本，去协助他们规划预定在 1951 年举行的普查工作。因此，我有机会与日本的农业、住宅，与就业部门的人士共事。由于有过这些渊源，使日本较容易接受我从 1950 年起所倡导的说法，也就是系统以及合作的理论。

理查德德·希巴斯（A. Richard Seebass）的文章摘录 [3]

美国于 1887 年通过《哈奇法案》（Hatch Act）之后，开始进行农业研究，设立实验站与农业改良场。他们进行研究，建议应种植的品种、时间、深度、行距，以及施肥、雨水、灌溉时间与方法等。

他们也对果树栽培、牛乳生产、肉类以及羊毛等从事研究，并透过地方改良场转移技术给农民。农民都能很快地学习与改变，毫不迟疑地改用节省劳力的工具或机械，同时彼此合作。

随着农业实务知识的散布，有些发展中国家的农业产量逐年增加，对北美谷物的需求，也随之降低（知识跨越国界无须签证）。

然而工业界与农业界的状况并不同。1950年戴明博士应邀赴日指导质量管理的观念时，并非将这类知识从美国传播到日本，因为他在日本所教导的，在美国也并不存在。他在那里所教的是一套系统的原理，他的指导，日本的管理者与工程师听进去了，然后照着实行。他的理论有赖人员之间以及公司之间的合作，而在日本，合作一直是传统的生活方式。

这个系统的范围涵盖全日本。戴明教导他们，公司必须彼此合作，一起工作。你学会之后，再教导其他的公司。日本的转型，必须像草原上的野火，延烧到整个国家。

学校系统。学校系统（不论是公立学校、私立学校、教会学校、职业中学或大学）并不只是由学生、教师、委员会、校董会以及家长等，为了达到其目的而各自工作。相反，这些团体应该协力达成小区赋予学校的目的：儿童的成长与发展，以及协助他们为将来贡献社会繁荣而准备。

它应该是这样的教育系统：让学生由幼儿园至大学都能享受学习的乐趣，免于分数与奖状等的恐惧，同时教师也能乐于教学工作，没有绩效的恐惧。这个系统应该承认，学生之间以及教师之间存有差异。如果其中有些学校为了本身的特殊利益而联合起来向政府去游说，则此学校系统就会被破坏。如此，整个学校早晚都会成为输家。

效果延迟。管理者目前所采取的行动，其效果可能要数月甚至数年之后才会显现。立即的效应或许是接近零甚至负数，因此，要评估某些改变的效果，并不容易。

员工培训就是一个简单的例子。即刻看得出来的，只是其成本与费用。培训的成绩，却要在数月甚至数年之后才会显现，也可能完全不会显现出来。此外，效果也是无法衡量的。

那么为什么公司还要花钱培训呢？因为管理者相信，未来所得到的利益，将会远超出培训成本。换句话说，管理者依据的是理论，而非实际的数字。他们加大培训投资是聪明之举。

对于问题未经研究就提出解答，短期看来或许方向正确而有点成效，后来却可能是场灾难。例如，解雇员工之举，可以立即有降低成本的效果，但是过些时候可能就会有严重的后遗症。根本的解决之道，其效益或许在短期之内无法显现。彼得·圣吉（Peter Senge）的《第五项修炼》(*The Fifth Discipline*) 的"舍本逐末"系统图，就说明了这个观点。

互相依赖与互动。管理者的重要职责之一，是确认出部门之间是互相依赖并协调、管理的。其他像排解冲突，以及去除合作的障碍，也都是管理者的责任。

职务说明需要修正。"职务说明"（job description）不应该只是描述动作、做这个、做那个、这样做、那样做，更要说明该工作的用处，以及该工作对于整个系统目的的贡献。

假设你告诉我，我的职务是清洗这张桌子，并且把肥皂、水、刷子都指给我看。可是我还是搞不清楚我的职务是什么。我必须知道这张桌子在清洗之后做什么用、为什么要清洗。是要用来摆食物吗？如果是这样，现在就已经够干净了。如果是要用来做手术，我就还需要用热水清洗桌面、桌底、桌脚好几次，还包括桌下与四周的地面。

另举一个例子：假设我是个程序设计员，如果我知道这个程序的用途，就能将工作做得更好（错误更少）。但是职务说明中，往往并没有提到我想知道的事。

就每一个人的职责而言，都需要详尽了解组织工作流程图中，在他后面人员的工作需要。

违反这项原则的一个实例，是飞机座椅扶手上的按钮设计。把按钮安排在那个位置的人，显然没有搭过飞机。旅客该如何开灯关灯？除非他运气好或耐心足够，才能发现秘密。为什么灯的开关要像猜谜一般？

我所用的口袋型记事本，它的设计者自己也一定没用过这种记事本。否则他就不会让许多无用的信息占用空间，而应该多留空白，供使用者记载之用。

圣保罗了解系统。以下摘录自《圣经·歌林多前书》第12章14 ~ 21节，由这些文字可以发现，保罗是了解系统的意义的。

> 原来身体不只有一个肢体，而是有许多。如果脚说："我既然不是手，便不属于身体。"它并不因此就不属于身体。如果耳说："我既然不是眼，便不属于身体。"它并不因此不属于身体。若全身是眼，哪里有听觉？若全身是听觉，哪里有嗅觉？[4]

系统的破坏。［由奈达·巴凯蒂斯（Nida Backaitis）博士提供］假设我们把图3-1的流程图（组织图）拆散，让它们形成彼此竞争的单位——如消费者研究、产品设计、再设计，每个供货商也自成一个单位（见图3-2）。现在每个人都只自顾自去尽最大的努力，依据某种竞争评量准则（competitive measure），为自己争取高分。有人会责备这些人吗？他只有这样才有希望生存下去。

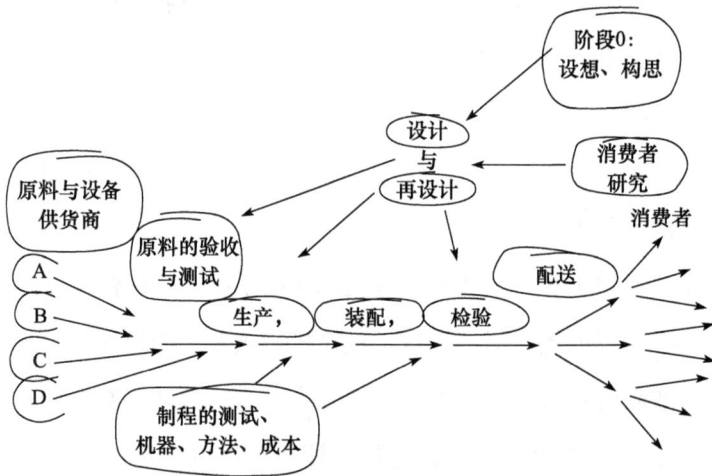

图 3-2　将图 3-1 分割成彼此竞争的组成部分，使系统遭到破坏

结果：该系统遭到破坏，所导致的损失，并无法去衡量。

最常见的一个例子，就是国会议员各自为其代表的州去施压，争取联邦预算，完全不顾国家的整体利益。

又比如，当国会已通过要削减全国海军基地的预算，议员却坚持不得关闭设在本州岛的海军基地。你能责备他吗？他是否能竞选连任，完全要看能不能将州内的海军基地保留下来，至于这对整个国家是否最有利，可就没有人关心了。

一个可能的解决之道，是让国会议员改为终身职业，或可以当到90岁。另一个办法，或许是限制任期为10年、12年或15年，但不得连任。这些建议可视为干预（针对系统采取行动，却未能切中问题的基本原因）的一个例子（详见第9章）。本例中问题的基本原因，在于人们并不了解：对整个国家最有利的事，也正是长期而言，对所有人最有利的事。

破坏系统的实例。汽车引擎与传动系统的内部都有电气组件。一位经验丰富的工程师重新设计了某些组件，将它们放入引擎内取代一些电气零组件，其他的保持不变，这样传动系统就可以免用任何电气零组件。下表就是两种设计方案的成本比较。

表 3-1　电气组件改善案　　　　　　　　（单位：美元）

状　　　况	引擎	传动	合计
现况	100	80	180
改善案	130	0	130
改善案节省经费	—	—	50

然而这项建议案却被引擎部门的财务人员否决了，因为这会使引擎的成本增加 30 美元。他们的职责是降低引擎成本，而不是增加成本。虽然这项建议案足以使公司的总成本下降 50 美元，但引擎部门财务人员并不考虑这点。他们只管引擎的事，不是整部汽车。对他们而言，引擎部门是个独立的利润中心。

另一个破坏系统的实例。有一位女士从芝加哥打电话到我华盛顿的办公室。她知道我下星期一会到纽约，去哥伦比亚大学与纽约大学授课。她希望当天能和我谈半小时。她会在星期一上午 7 时抵达纽约，希望当天与我碰面，时间由我指定。她到纽约的目的，是代表公司去参加某会议，从星期一下午到星期二。她会发表一篇论文，并与同行交换意见。我很快地心算出她的行程：

　　7：00 纽约时间，抵达纽约拉瓜迪亚机场。

　　4：30 纽约时间，在芝加哥登机。

　　3：30 芝加哥时间，在芝加哥登机。

　　1：30 芝加哥时间，离家。

　　0：30 芝加哥时间，起床。

清晨 7 点抵达纽约，因此她当晚无法上床睡觉。对下午才举行的会议而言，时间衔接不佳。为何不搭乘上午 11 点半抵达纽约的班机，这样可以睡几个钟头？她解释说，那样会增加公司 138 美元的费用。在该特定时段，公司负责员工差旅的部门可以取得低价优待票。

难道该公司差旅部门不了解，让员工抵达目的地时，能精神饱满地执行职务，对于公司整体（以及公司内每一个员工）而言比较好吗？以下是利弊分析（＋代表正效果，－代表负效果）。

　■现行做法

　　差旅部门 ＋　　　　出差者 － － － －

　■较佳做法

　　差旅部门 －　　　　出差者 ＋＋＋＋

采用较佳的管理，公司会有较高的收入，自然能支付每个员工的加薪，包括加惠差旅部门的员工。

另一个实例。由纽约的拉瓜迪亚机场直飞佛罗里达州的奥兰多，只需要 2 小时。我知道有一位女士为业务需要而出差，同样旅程却要花 7 小时搭飞机。她公司的差旅部门与某航空公司取得一项低价票折扣协议，可这必须在沿途的两个城市换机，因此她要浪费 5 个小时。利弊分数分析如下：

　　差旅部门 ＋　　　　出差者 － － － －

　　公司 － － －

此例中差旅部门善尽其责，却导致公司的损失。结果，包括差旅部门的员工在内，每个人都是输家。

你能责备差旅部门的员工执行职责而为公司省钱吗？不能。那么问题出在哪里？管理者不了解系统。

有一家汽车公司将其编制分为两个事业部：

（1）低价位小型车。

（2）高价位豪华大型车。

当然两个事业部有重叠的部分。

然后最高管理者制定了一项政策，让两个事业部彼此竞赛，他根据的假定是：两个事业部相竞争之下，会生产出质量较好的汽车，使销售量更大。这两个事业部的高阶人员的报酬，是依据其销售额而定的。为了增加销售，原本生产经济型小型车的事业部，决定延伸其生产线，也要生产大型车。基于同样的理由，生产豪华大型车的事业部，也决定延伸生产线而开始生产小型车。这种做法，很不幸地损害了公司的质量形象。公司最高主管终于逐渐认清事态严重，只好承认让两个事业部彼此竞争的做法是走上错误的歧途，同时也取消依据销售额来决定薪资的做法。

再多举一个系统遭到破坏的实例。据库雷顿·哈里斯（Cureton Harris）1963 年在纽约大学的博士论文，公司为一个整体系统，她研究各部门应如何合作以替公司谋取最大利润，并让员工乐于工作。她访问位于纽约与费城之间的 11 家公司，目的是希望了解各部门或各事业部应如何共事。

调查访问让她发现，参与设计与重新设计产品或服务的人，并不和从事消费者研究的人交换意见。不相往来的理由是，怕给管理者留下坏印象，误认为自己不够专业，而必须向消费者研究人员求教。他们不想让任何人怀疑自己欠缺工作上必要的知识。她也注意到，到处都有独立而相互竞争的利润中心。原来可能存在的系统，不过被各不同部门与单位破坏了。只有一家公司例外，就是位于费城的舒洁纸业公司（Scott

Paper Company）。

每样东西都是最好的还不足以成功。罗素·阿可夫（Russell Ackoff）博士在多年前就指出，如果有人不计成本，在各型汽车中选出最佳的零组件，再将它们装配在一起，这样，还是不能拼装成一辆车，因为那些零组件毕竟无法构成一个系统。

密歇根贝尔电话公司（Michigan Bell Telephone Company）的卡拉贝里（H. R. Carabelli）先生对我说过，一家公司即使拥有最好的产品工程师、最好的制造工程师以及最好的营销人员，但是如果这些人不能协作，如同处于一个系统般做事，这样，公司仍不敌其他公司——他们员工虽较弱，管理上却更为良好。

即使组织中的各组成部分，都能自行达到最佳化（每一部分以自己为主，都追求个别利益），可这样整个组织并不一定会得到最大利益。

请注意，组织整体在取得最优化（取得最大利益等）时，各组成部分不会是处于局部最优化的。

美国学校遭破坏。美国的公立学校的运作方式，并不成一个系统。干扰其达成最佳状况的因素有市级督学、郡级督学、校董会（成员透过选举产生，一段时间之后就换人，因此没有永续之目的）、区董会、地方政府、郡政府、州教育委员会、联邦政府，以标准化考试来评估学生、各区与各州之间的比较等。

谁愿意与输家打交道？有一位女士写信给我，内容如下：

> 我的婚姻关系不顺，每况愈下，永无休止的困扰，时赢、时输，双方都想成为赢家。我参加了您的研讨会，并且学到系统、合作、双赢的概念。我向我的先生解说这些概念，然后我们一起协商每个相处的细节，追求双赢。结果我们两个人都赢

了。谁愿意在婚姻中竞争？如果你是赢家，另一半就一定是输家，可是谁又愿意另一半是输家呢？

这封信提出了一个好问题：谁愿意与输家打交道呢？有人会希望他的供应者、他的顾客、他的雇主、他的供货商的员工、他的顾客的员工等是一个输家吗？当然不会。

家庭生活。类似的转型也会影响家庭生活。家长不再将子女排优列序，也不会有偏爱或奖赏。家长会希望任何一个子女是输家吗？兄弟姐妹会因为家中有一个输家而感到快乐吗？经过转型，整个家庭将会展现合作精神：相互支持，相爱互敬。

恶性竞争的失败。如果经济学家了解系统的理论，以及合作在最佳化中扮演的角色，他们就不会再教导和宣扬对立的恶性竞争会带来的福祉。取而代之的，将会是引导我们为系统作出最佳的规划，让每个人都更好。

我想，每个人都会同意我的看法，认为美国的航空服务糟透了。这是政府采取下述政策：解除市场控制、让业界自由竞争，以及开放新公司进入市场等，所可预见的后果。它会更加恶化吗？各位下个月再加以比较，就会知道我没说错话。

操纵市场价格（price fixing）。如果市场有某个垄断商，或由两家或更多家公司或机构主导该市场，他们想协商订出统一的售价时，若是想将价格定得比整个系统（他们本身、顾客、供货商、员工、环境以及公司所在的小区）的最佳长期利益，多出一分钱时，都是笨蛋的作为。即使将售价定得只比最合适价位高出一分钱，仍是不智之举。把售价定得更高点来多赚点，只不过是自欺，长期而言，反而会损及本身的利润。同样，如果市场有某个垄断商，或由两家或更多家公司或机构主导该市场，他们为了短期的最大利益，想将某一新产品或服务挡住、让其延后推出，结果不但会有损本身的长期利益，同时也欺骗了顾客、供货商、员工，使他们无法享受法律上应有的利得。

反托拉斯部门（Antitrust division，或公平交易部门）的功能，应该是解释、说明上述原则。换句话说，它的功能应该在于教育，使大家在有独占与卡特尔（Cartel，为某一目标，如限价、控制产品等而成立的庞大组织）的情况下，获取最大利益。我的这一建议，可比目前花了太多时间，想去寻找出那些想象出的违规者，要好得多。

就售价做公开讨论、商议，我们应有法条来规定。由生产者与消费者共同合作。产销双方就价格数字与观点，彼此交换意见。就某一建议的售价，任何顾客都应有权去审查与反对。

今天所订定的任何售价，可能会因为新知识、新数字，或者技术的发展，在明天就必须重新考虑。

如果某家公司的目的是追求短期利益，它会将售价尽量定高，短期内赚了一票之后，就退出市场。在此情形下，反托拉斯部门的一个有用功能，就是保障社会大众。

独占的一些省思。独占者有最好的机会，同时也要负起重大的义务，去为社会提供最大的服务。当然，最大的服务需要有开明的管理者。独占曾经对于我们的福祉有过重大贡献，只要想一想贝尔电话实验室就够了。贝尔是独占者，只需对机构本身负责，但是没有贝尔的贡献，这个世界会如何？

由于1984年反托拉斯部门的干预，破坏了美国原有的电话系统，使美国人成为无辜的受害者。过去电话是独占，但也是全世界艳羡的对象。

如今，我们不再有电话系统，我们有的只是许多电话。

开放电信市场并非解决之道。竞争者为了与AT&T公司的长途电话业务相抗衡，会遇到许多阻碍，它们必须投入巨额的金钱于线路、研究及广告上。即使竞争者能成功取得相当的长途电话市场，它与AT&T公司所支付的成本总和，也会远超过只有单一独占者的情况。长途电话费率终会上涨，我们所有人都要付出代价，蒙受损失。没有人会是赢家。[5]

美国长春藤大学联盟等的合作有成。1992年，反托拉斯部门控告数家美国大学，指责它们联合确定学生助学金的统一金额，好像认为这种合作，乃是不利于美国人民的罪行。事实上，这类合作应多加鼓励，因为它是有利于学生的事。

反托拉斯部门犯的另一个错误，也对美国人民不利，即多年前将AT&T与西方联合电报公司（Western Union Telegraph Company）拆开来。

独占机构经营良好的一个实例，就是戴比尔斯公司（de Beers Consortium），它支配全球钻石市场已近百年，拥有南非的金伯利（Kimberley）矿场。由于它一直压低钻石价格，并且致力于发现钻石的新用途，这些做法使它本身与全世界都受惠。

假如戴比尔斯与通用电气（该公司有人造钻石事业部）想要共同制订钻石价格，应该受到鼓励，当然前提是他们了解人人皆可受益的系统观念。

合作有成的一个实例，就是欧洲共同体（European Community）。刚开始推动的时候，确实遭遇过问题，因为成立之后，某些产业会遭受短期的损失。因此对于这些产业的股东，必须采取某些保护措施，同时也要保障被解雇的员工。

美国邮政服务并不是独占事业。邮政业务会受到国会的干扰。如果美国邮政服务是独占事业，可能有机会提供较好的服务。

对货运系统的意见。 美国州际商业委员会（Interstate Commerce Commission，ICC）在 1990 年 9 月，控告 10 家汽车货运公司负责制定货运费率的主管，认为他们集体垄断价格。这些货运费率部门请我撰写一份声明，向 ICC 解释，为什么 ICC 有义务支持一个州际货运的系统，并且指导它。以下就是我的声明文本。

对货运集体制定费率及相关的程序和实务之调查
爱德华·戴明博士向美国州际商业委员会报告

代表（Ex Parte）MC-196 一方利益

1990 年 8 月 23 日

汽车运费率制定及其相关程序与实务

I

不必通过任何文献，就可以清楚地知道，美国在世界市场上的地位已经滑落了。来自其他各国日益扩增的经济挑战，业已非常明显，而且短期内不会消逝。

依我个人的观点，问题所在是质量——产品的质量、服务的质量、工作环境的质量，以及政府和产业界之间合作的质量。美国正面临十字路口，有赖我们痛下决心去认清危机，并迎接此一挑战。无可避免，我们需要转型，但它却不会自动发生。

我与货运业的关系已超过 35 年，眼见它的营运日益衰退，也倍感关切。导致这种衰退的现象，是否与 ICC 主张的价格竞争有最大的关系呢？

II

各费率平台或单位，提供相关托运者以及货运者一个共同商讨的论坛。任何集体制订的费率，都要经过托运业者的同意与贵会的审查。至于费率水平，我深信货运业者十分了解我的见解，那就是，如果他们集体将价格设定得比对于整个系统——货运者、托运者、小区——最有利的状况为高，这样不但会损及自己的获利，同时也使他们所服务的小区、他们的员工以及经营环境，都无法享有高质量与符合经济效益的服务。因为如果费率高于整个系统最为有利的价格，将会驱使顾客转向其他运输方式。

III

运输是否有效率，不能只根据价格来判定，便宜不一定就是好。对于运输服务的使用者而言，可信赖的与可靠的服务，更为重要，这包括交货时间与运送时间的变异更为缩小，也包括长期上，成本能降低（见图3-3）。

交货时间变异大，将迫使顾客维持较高的库存，以便在发生延迟交货情形时，仍能保持生产稳定。提早交货的成本也很高，因为顾客必须找到可供储存的仓库空间。对货运业者而言，送货时间分布的变异之缩小，应该是一个重要目的。

为了达成这项目的，货运业者必须将设备维持在良好的状况，不能让车辆及员工过度消耗。为求服务质量能有真正的改善，货运业者必须能持续一致地由点到点运作，而不发生设备故障或员工效率低下的问题。

A.
准时。偶尔运气不佳，迟了许久。

B.
准时，比上面的A图表现更好，
表示此系统较好。

C.
老是迟到，偶尔迟了许久。管理
当局要改变系统或修正时刻表。

D.
表现太差。顾客无法事先规划行
程。顾客总是必须预估无法预测
的迟到放宽时间。

时间

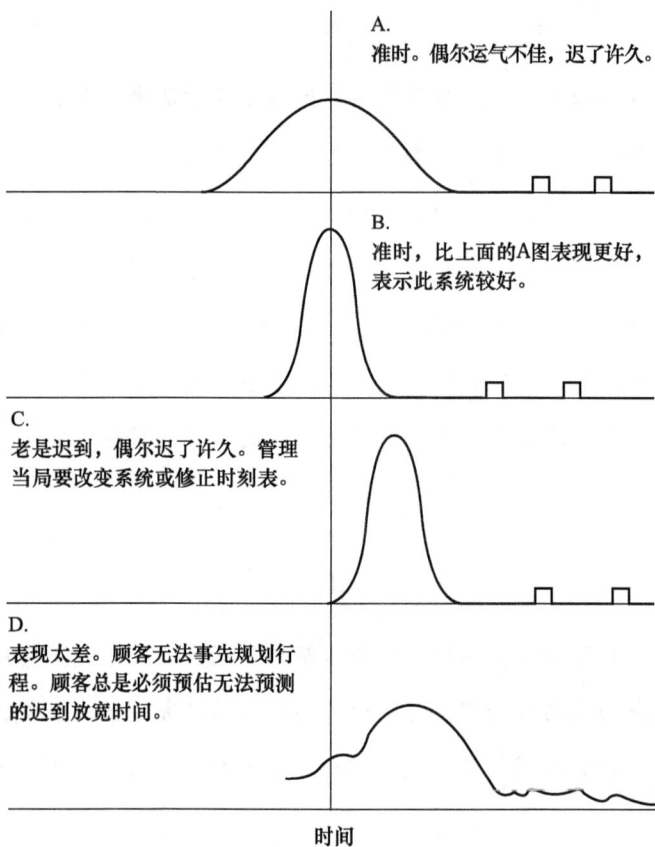

图 3-3　交货时间的可能分配

IV

现在 ICC 应该由系统的观点，来了解、管理运输业。这个系统包括几个组成部分：货运业者、他们所服务的托运者、双方的员工、他们所生活的小区、环境、整个国家，以及相关的政府单位——ICC。这些组成部分彼此相互依存。

系统需要有目的。没有目的，不能成为一个系统。目的是一种价值判断。在我们竞争日趋激烈的世界中，我建议以下列各项作为我们运输系统的目的：

（1）愈来愈好的服务，也就是说，交货更为可靠。在准时交货方面也能持续改进。

（2）货运业者的成本愈来愈低。

（3）货运业者与托运者双方的员工，都享有较好的生活质量。

（4）保护环境。

将焦点放在有质量的系统，每一个人都将受益。上述目的并非不切实际的幻想，它是可以达成的。货运业者、托运者，以及双方的员工，必须为系统的最优化而共同努力。如果让他们各行其是，个别的组成部分不但无法完成该目的，反而会破坏之，长此以往，让每个人都成为输家。

系统必须加以管理，必须有人领导。

应该将竞争导向，去扩大市场，去满足尚未被服务者的需要。只要能指出系统的焦点，货运业者将会扮演好追求质量与最优化的角色。

无论是货运业者与托运者之间，或是同为运输业的一分子，各个货运业者之间，合作都是不可或缺的。

V

在认清来自世界竞争的挑战日趋激烈，以及运输业必须转型，以协助美国的生产者面对这项挑战上，ICC 处于独特的地位。但是这种转型并不会自动发生，也不能借着各家货运业者相互竞争、压低价格来达成。

ICC 应该知道，以零和游戏为前提的竞争，无法扶植出健全的运输业，甚至于终将摧毁之。业者必须有利润，同时彼此应该像一体的团队般合作，让所有的参与者，不分公司大小，都能生存并繁荣。美国企业正面临挑战，来自世界各国产业的竞争日益激烈，唯有坚定不移地承诺，通过合作来追求整体最大利益，同时所有企业不分大小，都有致力于改善的决心，这样才能迎接这场挑战。货运业者与托运者都需要指导与引领。

关键在于，运输系统整体要对质量有彻底的承诺。我呼吁 ICC 要担当领导的角色，促成运输业界的组成部分都能相互合作，同时要积极响应业界对于合作的需要。系统的目的是持续改善对托运者的服务，持续改善服务的质量，并维持货运业的稳定。依我的看法，领导的责任非 ICC 莫属，还有谁足以承担这项重责大任？

图示部门间自私地竞争 vs 合作。 伤害来自内部的竞争与冲突，也来自从中产生的恐惧。有一位采购经理承受公司要求降低成本的压力，因而改买较为便宜的材料。由于制造部门一直无法达到所要求的标准，作为规格上的补偿，工程设计部门所定的容差（tolerance）沦为不必要的严格。接近年底的时候，当年预算尚未完全花完的各部门，就会开始多花钱来消化预算，不然，下一年度的预算可能因有多余而被削减。又如每逢月底将届，销售人员为了达成规定的金额，就得开始不择手段地想方设法提高业绩。各种出货数字可能被动手脚，奖金计算式等也重新界定，这些作账或作假，为的是让呈现给高阶管理的报告中的结果，是他们希望看到的。

下面表 3-2 ～表 3-5 显示在冲突的环境中的损失，与从合作所得的获利。[6]

读者可以在此出处稍加休息，去参考威廉·谢尔肯巴赫（William W. Scherkenbach）所著的《戴明修炼 II：持续改善》（*Deming's Road to*

Continual Improvement，SPC Press，Knoxville，1991，171 ~ 173 页）中探讨将公司看成由各个利润中心组成的，比较将公司的整体利益视为最优先考虑的，这两种不同管理原理的组织运作结果的利弊得失。

另外一本值得推荐的书是 J. 威廉·法伊佛尔（J. William Pfeiffer）和约翰 E. 琼斯（John E. Jones）合著的《尽可能地去赢》（*Win As Much As You Can*）。感谢温迪·科尔斯（Wendy Coles）博士的推荐。

表 3-2。本公司有 3 个部门：采购、制造、销售，我们分别称为 A、B、C。表的左栏是各部门所提的绩效改进计划。在现行的管理系统之下，每一部门自然只会采用对自己有利的投资计划，而不会考虑到其他部门。由于没有人关心其他部门，因此本表没有列出对其他部门的效应。

表 3-2

部门级别 及其计划	对部门 A 的 效应	对部门 B 的 效应	对部门 C 的 效应	对公司整体的 净效应
部门 A i ii iii	+ + +			
部门 B i ii		+ +		
部门 C i ii iii			+ + +	

表 3-3。在本表中我们列出表 3-2 中各计划对其他部门的效应以及对于公司整体的效应。对某一部门有利的计划，可能对于其他部门有害。本例结果是对公司整体净效为两个负号。假设这代表负 200 万元，若平均分配，每一部门损失 67 万元。

表　3-3

部门级别及其计划	对部门A的效应	对部门B的效应	对部门C的效应	对公司整体的净效应
部门 A				
i	+	−	−	−
ii	+	−	+	+
iii	+	−	−	−
部门 B				
i	−	+	−	−
ii	+	+	−	+
部门 C				
i	+	−	+	+
ii	−	−	+	−
iii	−	−	+	−
采用计划的净效应	++	−−−−	0	−−
利益/效益的分配	−0.67	−0.67	−0.67	−2

表3-4。各部门在明智的管理者领导之下，都寻求对公司整体最为有利的计划，也就是右栏为正号的计划。只有预测对公司整体有利的计划，才会被采用。每一个人都因此受益，包括为整体利益而蒙受损失的部门在内。在利益分配上，每个部门平均获利 100 万元。

表　3-4

选用的计划	部门级别及其计划	对部门A的效应	对部门B的效应	对部门C的效应	对公司整体的净效应
	部门 A				
	i	+	−	−	−
ii	ii	+	−	+	+
	iii	+	−	−	−
	部门 B				
	i	−	+	−	−
ii	ii	+	+	−	+
	部门 C				
i	i	+	−	+	+
	ii	−	−	+	−
	iii	−	−	+	−
	采用计划的净效应	+++	−	+	+++
	利益/效益的分配	1	1	1	3

表 3-5。由于表 3-4 的成功，过去一些不见天日的计划纷纷出笼，并在对公司整体有利的前提下被选出。表 3-5 最后一行显示公司获利丰厚，而平均每个部门也获利 2 670 000 元。

表 3-5

选用的计划	部门级别及其计划	对部门A的效应	对部门B的效应	对部门C的效应	对公司整体的净效应
	部门 A				
	i	+	−	−	−
ii	ii	+	−	+	+
	iii	+	−	−	−
iv	iv	−	+	+	+
v	v	−	+	+	+
	vi	−	−	+	−
	部门 B				
	i	−	+	−	−
ii	ii	+	+	−	+
iii	iii	+	−	−	+
iv	iv	+	−	+	+
	部门 C				
i	i	+	−	+	+
	ii	−	+	+	
	iii	−		+	
iv	iv	+	+	−	+
	v	+	−		
	采用计划的净效应	++++	0	++++	++++ ++++
	利益/效益的分配	2.67	2.67	2.67	8

合作无所不在的例子。竞争导致损失，它如同双方拔河，两边势均力敌，虽留在原地不动，却虚耗体力。我们所需要的，乃是合作。本节每一个合作的实例都显示，参与合作的每一方，均能获利。在运作良好的系统，合作尤具生产性。我们可以轻易地列出一长串有关合作的实例，其中有些是如此自然，几乎让我们察觉不出它的本质就是合作。合作时人人都是赢家。

（1）依据格林威治标准时间订出时间。你与你的竞争对手，还有你的顾客，都采用相同的时间。

（2）依据国际日期变更线制定的日期。例如 11 月 29 日，你与你的竞争对手，还有你的顾客，都采用相同的日期。

（3）交通的红绿灯，在全世界都代表相同的意义，而且，红灯都设在绿灯之上。

（4）公制度量衡系统，全世界都采用。

（5）镜片的焦距（focal length）与直径的比率，在全世界都指波长 546 毫微公尺（nanometer）。

（6）美国测试与材料学会（The American Society for Testing and Materials，ASTM）以及其他制订标准的团体。如果我有一个附灯泡的放大镜，一按钮灯就会亮。如果要换电池，我可以在全世界各地买 AAA 电池，大小必定合用。我或许会遇上质量的问题，但大小不会有问题。如果这个放大镜只能使用某种专用电池，我可能根本就不会考虑购买。

（7）将制程或产品的授权给其他公司。

（8）各公司彼此制造零件与产品供对方使用。几乎所有化学公司都依赖竞争对手公司所提供中间产品。而汽车公司彼此为对手制造零件，甚至整个引擎或传动系统。某大型汽车厂的一个部门，最好的顾客竟然是竞争对手。

（9）一家大型数据处理公司，为没有某些设备的小型公司处理工作，双方都受益，顾客也受益。

（10）科学家与其他专业人员的会议，发表人与参与者通过理论与经验的交换，对其他会员的新理论和方法，都有所贡献。

（11）专业杂志的文章，作者与全世界的人士分享新构想、新方法、新成果。

（12）火车可以由加拿大各站、经美国各站停靠，一路可开进墨西哥各站（原书各站名省略）。北美铁路系统采用相同的轨距、相互配合的刹车与列车挂钩系统使三国联运变成可能。如此，运输成本较低，行车时间更为可靠。

（13）专业人士之间的合作，彼此随时都可以互相帮忙。

（14）我们买的灯泡、电热器、卷发器、冰箱，都是110伏特、60周波。这是全北美洲的标准电压，同时插头也与插座相配。结果：便于大量生产，使用又方便。

（15）我个人的经验谈。我的汽车停在屋子前面，无法发动。我打电话给附近的埃克森石油公司（Exxon）所属的加油站。当他们派人来的时候，我发现他开的，是对街竞争对手的卡车。我认为这些人实在聪明。每个加油站都只备有一辆卡车，但如果可以借用对方的闲置车辆，那么两家加油站都只需负担1辆车的成本，就能提供顾客相当于1.8辆车的服务。结果这两家加油站都能以最低的成本，维持各自的生意。它们还可以更进一步合作，轮流营业至深夜，为顾客提供加油服务，这样它们都能维系生意，而深夜想加油的顾客，也不必开到城里的其他地方。

读者应能注意到，每个合作实例的结果，都是人人获益。

沃尔特·休哈特（Walter A. Shewahart）博士经常说，欧洲各城市之间建筑法规的差异，导致成本提升，也剥夺欧洲人民享受量产的好处，其后果甚至远比关税更为严重。经由建立欧洲共同体，将可以消除这种差异。

注释

1. 本章及第4章多处得力于芭芭拉·劳顿（Barbara Lawton）博士与奈达·巴凯蒂斯（Nida Backaitis）博士的贡献。我1963年在纽约大学指导的博士生库雷顿·哈里斯（Cureton Harris 的论文，让我学习了许多美国式管理的问题。在此推荐韦斯特·丘奇曼（C. West Churchman）、罗素·阿可夫（Russell L. Ackoff）和 E. 伦纳德·阿诺夫（E. Leonard Arnoff）合着的《运筹学导论》（*Introduction to Operations Research*，John Wiley，1957）。该书第 7 页与第 13 页为系统提供了清晰的基本概念。

2. 参见 William W. Scherkenbach，《戴明修炼 II：持续改善》（*Deming's Road to Continual Improvement*，SPC Press，Knoxville，1991）。

3. 科罗拉多大学工学院院长。

4. 1990 年 7 月 11 日，在伦敦西敏寺的英国国教晚祷第二课所指定的经文，这是好几世纪以来的传统。当时奈达·巴凯蒂斯（Nida Backaitis）博士提醒我此经文。谢谢。

5. 参见吉田耕作（Kosaku Yoshida），"New Economic Principles in America-Competition and Cooperation," *Columbia Journal of Business*，Winter 1992，vol. xxvi，no. iv.

6. 各表及其说明，系摘自亨利 R. 尼夫（Henry R. Neave），《戴明向度》（*The Deming Dimension*，SPC Press，Knoxville，1990，pp.232-239）。这些表，原本系在 1988 年由弗雷德 Z. 赫尔（Fred Z. Herr）提供，他当时担任福特汽车公司产品保证部的副总经理。著者尼夫博士声明受奈达·巴凯蒂斯博士的帮忙。

7. 有关各部门各自形成独立的利润中心或是共同为公司整体利益而合作，有兴趣的读者可进一步参阅 William W. Scherkenbach 的《戴明修炼 II：持续改善》（*Deming's Road to Continual Improvement*，SPC Press，Knoxville，1991，pp.171-173）。另一本参考书籍是 J. 威廉·菲弗和约翰 E. 琼斯（J. William Pfeiffer and John E. Jones）合著《尽可能去赢》（*Win As Much As You Can*，University Associates，San Diego，1980）。

渊博知识系统

再把糠用不灭的火烧尽了。

——《圣经·路加福音》第 3 章 17 节

本章目的。现在风行的管理风格一定要转型。一个系统无法了解自己。转型必须有赖来自外界的观点。本章的目的，正是要提供一种外界观点（放大透镜），我称之为渊博知识系统（system of profound knowledge）。它提供了一组理论地图，协助我们了解自己工作其间的组织。

第一步。步骤 1 是个人的转型。这种转型并非连续的，它来自对于渊博知识系统的了解。个人经过转型之后，对于人生、事件、数字、人际互动等，都会感觉出新的意义。

一旦个人了解了渊博知识系统，就会把它的原理应用在与他人的每一种关系上。同时，对于自己的决策以及所属组织的转型，会有判断基础。人在转型之后将会：

● 以身作则。

- 善于倾听，但不妥协。

- 持续教导他人。

- 帮助他人扬弃现行做法与想法，转向新的理念，而不会对于过去有罪恶感。

外界的观点。渊博知识由四大部分组成，它们彼此相互关联：

- 对于系统的了解。

- 有关变异的知识。

- 知识理论。

- 心理学。

对于上述任何一部分或全部，我们不需要又专又精，就可以了解渊博知识，并可加以应用。适用于产业界、教育界以及政府的管理十四要点（参见《转危为安》第2章），就是这种外来知识的自然应用，可以将现行的西方管理风格，转型为对整个系统最为有利的做法。

初步说法。此处所提议的渊博知识系统，它的任何一部分，都不宜单独分开，它们彼此之间有互动。因此，如果缺乏变异的知识，心理学的知识也就不完整。人的管理者应该了解，所有的人都是不同的。这并不等于说可以将人排等级。他也需要了解，任何人的绩效，大部分是受他所工作于其间的系统所支配，而该系统由管理当局负责。一位心理学家只要具备红珠实验（见第7章）所揭示的粗浅变异知识，就不至于会再愿意参与将人员排等级的计划改善的工作。

心理学与变异理论（统计理论）的应用之间关系颇深的例子，实在不胜枚举。例如，检验员能检剔出的不良品数，与工作量大小有关〔约1926年，哈罗德 F. 道奇（Harold F. Dodge）在贝尔电话实验室即有相关报告〕。检验员为了不致误判任何人的成果，会让落在不合格边缘的产品过关（见《转危为安》）。我在那本书中，还提到一位检验员为保住 300 个人的工作，而刻意将不良品比率压低在 10% 以下。

某位教师为了不想有"大刀错"绰号，被告分数打得过严等不公的情形，会让成绩在不及格边缘的学生过关。

恐惧会带来错误的数据。通知坏消息的人，常常下场往往很惨。因此，我们往往看到人们为了保住工作，对上司只报喜不报忧。

由公司总裁任命的委员会，只会报告总裁想听的消息。他们敢不这样行礼如仪吗？

每个人都可能会不经意地自抬身价。某人或许会对进行读报调查的访员说，他看的是《纽约时报》。事实上，他今天早上才买了一份专登花边新闻的报纸。

依据扭曲了的数据所做的计算与预测，只会带来混淆、挫折与错误的决策。

依会计数字形式的绩效评量方式，会迫使员工在过程中动手脚，以及会以不实的承诺来诱骗顾客，购买他们并不需要的东西，来达成销售、收入或成本目标。[1]

转型的领导者以及相关的管理者，必须学习个人心理学、群体心理学、社会心理学，以及变革心理学。

变异的知识，包括了解"稳定系统"（stable system），以及认知变异的特殊原因与共同原因，这些都是管理一个系统，包括人的管理所不可或缺的。本书第 6 ~ 10 章将陆续作深入的探讨。

系统

系统是什么？正如我们在第 3 章所提到的，系统是相依的组成部分之网络，通过共同运作来达成该系统的目的。一个系统必须有目的，没有目的就不构成系统。

在第 3 章我们也学会：系统也需要管理。

相依。系统各部分之间的相互依赖愈高，彼此之间就愈需要沟通与合作，而同时就越需要整体性的管理。图 4-1 显示由低至高的相依程度。

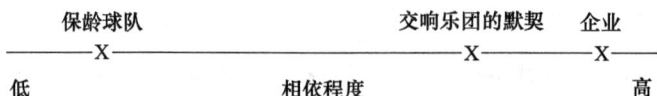

保龄球队		交响乐团的默契	企业
———X———		———X———	——X——
低	相依程度		高

图 4-1　由低至高的相依程度

事实上，正是由于管理者未能了解各组成部分的相依性，采用目标管理法而造成损失。虽然公司内各部门都各有职责，但其产生的效果不是相加的，而是相依的。某一部门达成本身的目标了，却自行其是，会让另一个部门损失惨重。对于这一点，德鲁克阐述得很清楚。[2]

一个运作良好、优秀的交响乐团，就是成为系统的好例子。每位团员并不是独自演奏，竞相争取听众的欣赏，而是要相互支持。个别来看，各乐手并不必然是该国最佳的演奏者。

因此，伦敦的皇家爱乐交响乐团的 140 位团员，每位都要支持其他 139 位团员。听众对于某一交响乐团的评价，多非针对耀眼的个别演奏者，而是团员彼此共同搭配的默契。指挥就是管理者，必须促成各演奏者之间的合作，让乐团像一个系统，每位团员都相互支持。交响乐团还有其他目的，诸如演奏者与指挥者都要能享受工作的乐趣。

组成部分的义务。各组成部分的义务，是将其最好的，贡献给系统，而不是追求本身在生产、利润、销售或其他任何竞争性指标上的极大化。某些组成部分的运作方式，甚至会是自身亏损，以追求整个系统的最大利益。

我们在第 3 章中曾经提到一些例子，包括差旅部门为节省旅费，导致出差者的效率大减。还有采购部门节省了初期的购料成本等，却导致下游重大的损失。

谈判（协商）的基础。所有相关人员的最大利益，才应该是人与人之间、各部门之间、工会与管理者之间、公司之间、子系统之间、国家之间的谈判（协商）基础。这样人人都可受益。

如果其中一方背弃谈判的协议，走上追求自私利益之途，那么协商的成果即使不被破坏殆尽，也会大受伤害。

关于变异的知识

生活就是变异。变异无处、无时不存在，不论是在人与人之间，或在产出、服务、产品之中。通过变异，我们对过程以及在其中工作的人员，可以知道些什么呢？

身为教师，有必要懂得一些变异的知识吗？希罗·哈克奎博德（Heero Hacquebord）提过，他 6 岁大的女儿开始上学几个星期之后，有一天带回来一张老师的字条，上面的坏消息是，目前共考过两次试，令媛的两次成绩都在平均之下。老师提醒家长：要注意往后可能的问题。接到同样字条的其他家长，也都感到很担心。他们但愿能相信哈克奎博德先生的话，也就是这种比较没有意义，但是他们仍然会担心。另外一些学生家长也接到字条，内容则是令郎在两次考试中，成绩都在平均之上，请为这位天才做好准备吧。或者是，令媛第一次考试的成绩在平均之上，但是第二次则落于平均之下。

这位小女孩知道了自己两次考试成绩都在平均之下。这对她的心理产生了负面的影响，她感到羞辱、自卑。她的父母把她改送到一家能培养儿童信心的学校，她恢复了自信心。

万一她无法恢复信心呢？也许一辈子就毁了。有多少小孩有同样的遭遇，却没有获得这种正面的、支持的协助？没有人知道。

这位教师竟然没有察觉，每次考试必然会约有一半学生的成绩会在平均之上，另外一半则在平均之下。正如为某个地方的人作胆固醇检查，也有一半的人的胆固醇值会在平均值之上，任何人对于这个事实都无从改变的。

在什么情况下，数据会显示过程已达稳定状态（stable state），而且产出的分布可以预测呢？过程一旦进入统计控制状态（state of statistical control），就具有可界定的能力（definable capability）；而不在稳定状态的过程，则没有可界定的能力，也就是绩效无从预测。

我们在尝试改善结果的时候，经常会犯两类错误，两者的成本都很高（见《转危为安》）。在第 8 章我们还会深入探讨，这两类错误是：

错误 1：把源自共同原因的变异，误认为源自特殊原因，而作出反应。

错误 2：把源自特殊原因的变异，误认为源自共同原因，而没有作出反应。

休哈特博士提出各种程序，教我们如何使这两类错误的经济损失最小化（见第 8 章）。

稳定和不稳定状态。过程或许是在统计控制状态下，也可能不是。如果在统计控制状态下，则未来可能的变异将可预测，成本、绩效、质量，以及数量，也都可以预测，休哈特称这种情形为稳定状态。如果过程不稳定，则称为不稳定状态，它的绩效无法预测（见第 7 ~ 8 章）。

在稳定与不稳定这两种不同的状态之下，对人员（领导者、督导员、教师）的管理是完全不同的。如果分不清这两种不同的状态，将会造成重大问题。

管理者需要了解各种力量的互动。因为互动有可能强化效果，也可能抵消效果。人事管理人员需要了解系统对于员工绩效的影响（见第6章）。能认识人与人之间、团体之间、部门之间、公司之间，乃至国与国之间的相依与互依，将会有帮助。

要使用数据，先要了解不确定性的来源。由于测量也是一种过程，因此先要确定测量系统本身是否稳定。

要运用数据，也需要了解计数型研究（enumerative study）与分析型问题（analytic problems）的区别。计数型研究针对母体名册（a frame，抽样底册）产出信息。抽样理论与实验设计，还有美国的人口普查，都是属于计数型研究。另一个计数型研究的例子是，买卖双方需要估计货船上所载的铁矿砂中，究竟含有多少量的铁。

但是，对于测试或实验结果的解读，则是另一回事。这是一种预测；我们对于某一过程或程序，应该要做某种改变，还是不做改变比较好？无论选择哪一种，都涉及预测。这就是属于分析的问题，也称为推论或预测。分析性问题的目的，是针对未界定或不断改变的群体，了解其因果结构。无论是显著性检测（test of significance）、t检测（t-test）或卡方检测（chi-square），在这时都派不上用场，也就是对于预测没有帮助，无法对群体作统计推论。半个世纪以来，假设检测一直是我们了解统计推论的主要障碍。

某次研讨会中的提问。有人请我对于"渊博知识来自系统之外"的说法，再讲得详细一点。他质疑，在系统内的人，难道不是对于系统现况最了解的人吗？您为什么会这样主张呢？

我的回答是：在组织内工作的人，固然知道自己在做些什么，但是却不知道如何才能做得更好。他们的尽心尽力与埋头苦干，只是将自己目前陷入的坑洞挖得更深。因为他们的尽心尽力与埋头苦干，并不能提供来自组织外界的观点。

在此要再次强调，系统并无法了解自己。正如同有人对于冰具备很多认识，而对于水，却所知有限。

知识理论 [3]

管理是预测。知识的理论有助于我们了解，任何形式的管理都是预测。连最简单的计划（今晚如何回家）都需要基于预测：汽车可以发动、上路，或者巴士或火车会正常行驶。

知识建立在理论之上。知识的理论告诉我们，某项陈述如果在传达知识，那么它虽与过去的观察完全吻合，可在预测未来结果时，总还会有错误的风险。

理性的预测有赖理论以及知识的建构：把实际观察的情况与预测相比，藉以对理论作有系统的修正并扩充、延伸之。

有个故事说，农庄里有一只公鸡叫"强啼高清" [⊖]，它可有套太阳东升理论。每天一早，它就使尽力气，振翅高啼。太阳就跟着升起。其中的关联很清楚：它的啼声让太阳升起。它的重要性是无可置疑的。

有一次发生了差错。某天早晨它忘记啼叫，而太阳依旧升起。它感到垂头丧气，知道自己的理论需要修正。

⊖ Chanticleer，西方传说列那狐（Reynard the Fox）中的重要角色。——译者注

人如果没有理论，他就没有什么好修正的，也就学不到新知识。

地球如果是平的，平面欧氏几何就可以完全适用，其中每一条定理与推论，在本身系统内都正确无误。

但是在我们的地球上，如果把视野扩及较大型的建筑物以及延伸至城市外的道路，这个理论就失灵了。向北延展的并行线并不是等距离的，而三角形的三内角和并不是180°。平面几何有必要做球面修正，结果发展出一种新几何。

扩大理论的应用范围，会暴露出不足，而有必要加以修订或发展新的理论。我们再次看到，如果没有理论，就没有什么好修订的。如果没有理论，经验就没有意义。没有理论，就没有疑问可提出。因此，没有理论，就没有学习。

理论是进入世界之窗。理论引领我们作出预测所在。没有预测，经验与范例也不能教导我们什么。随便抄袭一个成功的范例，而未经理论的协助来求深入了解，就有可能会造成重大损失。

任何理性的计划，无论多么简单，都包含对于状况、行为、人员绩效、程序、设备，或原料的预测。

数据的应用需要预测。解释某项测试或实验的结果也是预测——实地应用的自测试或实验的结论或建议，将会发生什么后果？这项预测，大部分必须依赖对于该主题的专业知识。只有在系统处于统计控制状态之下，才能应用统计理论来有效地预测未来的绩效。

举例来说，如果我对两种方法作过测试，并得出如下结论：继续采用甲法，而不改用乙法，因为到目前为止，并没有证据显示乙法在未来会一直表现较佳。

任何陈述如果没有包含理性的预测，就不能传递知识。

再多的实例，都无法确立某一理论，但是，只要出现一个该理论无法解释的失败，该理论就需要修正或甚至完全放弃。

没有真值（true value）。以测量或观察所定义的任何特性、状态或状况（条件），并没有所谓真值。只要改变（它采用可运作的定义）测量或观察的程序，就会产生新的数字。

> 小于 100 的质数数目有其值存在。我们只要一一写下来，并且数一下——2，3，5，7，11，……这是信息，不是知识。它并没有预测什么，任何人都会得到相同的数目。同样，读者目前正在阅读本书，这也是一个事实——信息。

> 假设我们正在酒店的会议厅内举行研讨会，那么所谓室内的人数，就没有真值了。你要把哪些人算在内？原先在室内、现在在外面打电话或喝咖啡的人算不算？酒店的工作人员算不算？讲台上的人算不算？掌管影音器材的人算不算？如果你改变计算的标准，就会得到不同的数字。

> 程序必须依目标而定。如果我们的职责是为中午留下来的人订午餐，那么就必须计算有几个人要在这里吃午饭。

> 如果是要计算这个房间容纳人数最少总面积（是否符合消防法规）[一]，那么我们必须把室内所有的人都算在内。

> 一船铁砂中含铁的总量，也没有真值。为什么？只要改变抽取铁砂样本的程序，就会得到不同的含铁比率。而且重复任

[一] 此处请教美国朋友谢尔肯巴赫先生，他说美国确实有些地方有房内总重量的法规；张华先生进一步找到确切的建筑法规，主要考虑是逃生路径的容纳度要与室内人数成一定比例，例如几条逃生梯、逃生路径长度等。——译者注

何一种程序，也会得到不同的数字。

你如何计算靠太平洋的圣地亚哥市的船舶上的人数呢？

在实证观察中，没有所谓"事实"。任何两个人，对于任一事件中有哪些事项是重要的，都会有不同的看法。"去（给我）找出事实"（Get the facts），这个口号有意义吗？

沟通与协调（如顾客与供货商之间，管理者与工会之间，国与国之间）都需要最优化的操作性定义（operational definition）。所谓操作性定义，就是经过大家同意，如何将概念转译为某种可测量、决定的程序。

操作性定义的一个实例。田纳西大学诺克斯维尔分校统计学教授玛丽·莱特钠克尔（Mary Leitnaker）博士，在教到操作性定义时，采用一个简单的练习。她到杂货店买了半打动物形状的饼干，倒在教室的桌子上，然后要学生算一下有多少牛、马和猪。其中一片牛形饼干少了一条腿，她直接问学生："这是一头牛吗？少了一条腿。我们还应该把它算为牛吗？"无论答"是"或"否"，都算对，但是学生必须知道计算规则。计算牛数的规则改变了，就会得到不同的数目。

信息非知识。我们今天有能力与世界任何地方实时通信，可惜速度并不足以帮助人们了解未来以及管理者的职责。我们许多人都在欺骗自己，认为需要随时更新信息，才能跟得上瞬息万变的未来。但是就算你一秒不停地看电视，或读遍每一份报纸，也不能感知未来一瞬间的变化。

换句话说，信息，无论它多么完整与快速，都算不上知识。知识需要时间的累积。知识源自于理论，没有理论，我们就没有办法利用实时的信息。

字典含有信息，但是没有知识。字典很有用。我坐在书桌旁，经常会用到它，但是字典不能帮我写出一段文章，也不能评论文章。

一些个别看起来并不起眼的随机改变或随机力量，如果持续应用，可能会带来意料之外的结果与损失（参见第 9 章的漏斗实验）。例如：

（1）由前一个工人来训练下一个工人。

（2）公司的管理者、产业界或政府的委员会，竭尽心力制定政策，却因没有渊博知识的导引而误入歧途。

一些重要的渊博知识路标。扩大委员会的规模，并不必然会改善结果，也不是得到渊博知识的可靠方式。

由此推论得到的结果非常可怕。没错，多数表决的投票制度能抑制独裁，但是它会提供正确的答案吗？

另外一例：对教会来讲，由主教院/团（House of Bishops）"民主议事"管理，会比由枢机主教（Archbishop）的独断管理更好吗？由历史的记载，这个说法令我们严重存疑。

心理学[4]

心理学有助于我们了解人，人与环境之间的互动、顾客与供货商的互动、教师与学生的互动、管理者与下属及任何管理系统的互动。

人人都各不相同。身为人的管理者必须体察到这些差异，并且善用这些差异，让每个人的能力得到最佳的发挥。然而，这并非等于将人员排等级。如今产业界、教育界与政府的运作方式，却是假设每个人都相似。

各人的学习方式不同，学习速度也不同。例如在学习技术时，有些人采用读的方式，有些人采用听的方式，有些人采用看图（静止或动态）的方式，还有些人则采用看别人怎么做的方式。

有内在动机与外在动机，也有矫枉过正（over-justification）的现象。

人类与生俱来有与人交往的需要，有被爱与受尊重的需要。

学习是人类出生就有的自然倾向。学习是创新的源头之一。人人有享受工作乐趣的权利。良好的管理，有助于培养和维护这些先天的正面特质。

家庭环境可能在幼年时期就戕害了儿童的尊严与自重，并进而损及他的内在动机（intrinsic motivation）。一些管理实务（例如排等级）会彻底摧毁人的内在动机（见第 2 章和第 6 章）。

外在动机（extrinsic motivation）有可能间接带来正面的结果。例如，人们因工作而有金钱收入，这是一种外在奖励。他准时上班，穿着整洁的服装，并且发掘出自己的某些能力，所有这一切都有助于提升自尊。

某些外在动机有助于建立自尊。但是，如同图 6-1 所示，完全顺从外在动机，会导致个人的毁灭。为了争取好等级，宁愿压抑学习的乐趣。在工作上，在目前的体制下，工作乐趣、创新，都比不上好的排名来得重要。外在动机发展到极端，将会粉碎内在动机。

将个人、小组、事业部、地区排等级，等级高的，发给奖金，这样将会打击所有相关人员的士气，包括受奖者在内。

我要在此重复 1987 年 11 月 8 日诺尔·凯勒（Norb Keller）在通用汽车公司所说的话："如果通用汽车从 12 月 1 日开始，把每个人的薪水加倍，我相信绩效还是会与现在的一样。"

他指的薪水，当然是高于维持生活水平所需的。而且他所说的加薪，对象包括全体人员，不仅指特选的某个群组。

事后，他的一些朋友告诉他，他们很愿意加入这个薪水倍增的实验，不过他们同时坦承，薪水即使倍增了，并不会影响其绩效。

无论是小孩或大人，如果必须一直关心自己的表现，以争取好成绩和奖状等奖励，就不能享受学习的乐趣。废除成绩制度，我们教育体制的改进会不可限量。如果必须与他人争排名，没有人能够享受工作乐趣。

矫枉过正的奖励现象。现行的奖励制度其实是十分的矫枉过正。对于原本纯粹为乐趣和自我满足的行动或行为，发给金钱奖励或奖品，可视为矫枉过正。在这种情形之下，金钱奖励毫无意义，甚至令人有受挫之感。如果奖励来自他并不尊敬的人，更会使人感到羞耻。

为了说明矫枉过正的想法，我在这里提出乔伊斯·奥尔西尼（Joyce Orsini）博士告诉我的一个例子：

> 有个小孩不知基于什么原因，每天晚餐之后会自动洗碗盘。他的母亲对这个乖小孩感到很欣慰。一天晚上，她为了表达感谢，递给小孩他一枚 2 角 5 分的硬币。然而从此小孩再没洗过任何碗盘了。母亲付钱给他，改变了彼此的关系，也伤害了他的自尊。他过去洗碗盘，纯粹只是想享受为母亲做点事的乐趣。

进一步谈奖赏。[5] 如果小孩在学业、音乐，以及运动方面表现良好，父母或师长就以诸如玩具和金钱作为奖赏，那么他们会学到，绩效良好时就会有奖赏。当他们长大成人，盼望有形奖励的欲望支配了行动，使他们成为依赖外界提供的实物才会有动机，才感到舒服。他们往往会卖力工作去赚很多钱，然后到了中年，却会感到工作并没有意义。藉由外部因素来激发动机，赋予意义，终将会损及自尊，让人感到无法掌握世界，觉得自己无能为力而心怀沮丧。

慈爱的母亲、和蔼的教师、耐心的教练，都会透过赞美、尊重与支持，来提升儿童的荣誉感与自尊心，进而强化之。当儿童熟练一项新活动，就会觉得自己很能干，愈来愈趋向内心自行有动机，并且培养出自尊、自信以及能力。他们觉得所做的事情有意义，也会不断进行改善。

我的儿子塔德从 5 岁到 17 岁，一直是游泳队的队员。小孩参加竞赛时，每个人都可以得到一面奖牌。奖牌是由像老师这样的大人物颁发的。他们都为奖牌而兴高采烈，家长们也都跟着高兴。游泳队员原先是为了外在奖励而努力游得更好，但他们日渐长大时，奖牌慢慢失去了重要性。他们会发现改进绩效的乐趣与意义。我的儿子知道他能游得多快，他甚至不再提起奖牌，而习于自动自发，培养了自律的精神。如果他不是在这项活动中发现了价值，那么每天练习 4 小时，风雨无阻，实在会变成一件苦差事。有些家长以金钱或礼物去鼓励子女游得更好，那么这些孩子就不是为了游泳而游泳了。

身为管理者最重要的任务，是致力于了解每位下属心目中最重要的事。每个人的想法都各不相同，也都有不同程度的内在动机与外在动机。这正是为何管理者要花时间去倾听员工心声，它是如此重要。管理者应了解，员工所寻求的，究竟是公司的认可，或同事的，还是工作成果能够发表，还是弹性的工作时间，还是有时间到大学去进修。如此，管理者才能够知道如何给员工正面的结果，甚至能引导某些人以内在动机来取代外在动机。

一些矫枉过正的例子。在底特律某家饭店，有位男士帮我把放在服务台边的行李，送到我的房间，他可不是饭店的员工。那个箱子相当重，而且当时我又累又饿，急着想在 11 点点餐厅打烊之前去吃点东西，我就拿出两块钱塞给他，谢谢他的协助，但他拒绝接受。我伤了他的心，竟尝试以金钱来奖赏他，而他只是想帮我的忙。他可不是为了赚我的钱。我却想付钱给他。就如同去改变我们之间的关系，虽然我是出于善意，但却弄巧成拙。我发觉以后要小心些。

然而我又再次干了傻事。有一次我搭乘美国航空，抵达华盛顿国内机场时，有位职员一手帮我提起重重的行李，另一只手扶着我，护送我出机场，司机正在外面等。我心存感激，匆匆地从口袋中掏出五块钱塞给她。"噢，不要。"我又做了一件错事。我愣了一下，问了她的姓名（黛比）之后，我写信给航空公司的总裁，索取黛比的地址与电话号码，好让我有机会向她表达歉意。总裁回复说，在华盛顿可有好几位叫黛比的，他不能确定是哪一位协助过我。

我不清楚自己犯过多少次相同的错误。

以金钱的形式来报答他人，只是为了求自己的心安，但此一行为属于过犹不及，对于协助我们的人的士气，却是一种打击。论功行赏与绩效排序都会打击士气，也会制造冲突与不满。如果公司实行这种错误做法，将会自食恶果，而且损失的幅度难以衡量。

给员工奖赏，最后只会激励员工为奖赏而工作。[6]

真心感谢？当然。对某人表达感谢，可能远比回报金钱更有意义。

一位免疫学者德医生，我因腿部受到感染，曾为我注射疫苗。我要出院时，收到他送来的账单。我随着支票附上一封信，对于他精湛的医术与悉心的照顾表示感谢之意。数周之后，有一天我无意间遇到他。他早就忘记支票的事，但是那一封信？他完全没忘。他还随时把信放在口袋内。他告诉我，那封信对他很有意义，因为让他知道有人在乎他的关怀。

两年之后，我在华盛顿去拜访希医生，他随口告诉我："我有一天遇到德医师，他向我提起你。"

假如我在支票上多附加五块钱来表示感谢，那将会如何？那必定会伤了他的心，而又成为一个可怕的矫枉过正实例。

我认为，在上例中，一种好的表达感谢之意的方式，就是捐一笔钱给医院，让德医生能去治疗那些无力负担医药费的病患。

某次研讨会的提问。如果管理者不以金钱来奖励表现良好的员工，那么他们将会跳槽到愿意如此做的公司（有些人就是为了高薪水而换公司）。

我的回答。每个与我共事过的人，都有能力到其他公司赚取更高的薪水。但是他们为什么仍然留在这里？这是因为他们喜欢这里，他们有机会能利用自己的知识，去让整个系统受益，也能够享受工作的乐趣。金钱，在超出某个水平之后，就会失去魅力。不过，金钱或许可以吸引那些自认为不如人的人。当然，上司对于那些表现良好的员工，应该拍拍他们的肩膀，表示他的肯定。

许多人事管理者都知道，现行评价员工的方法，并不足以辨别在某过程中，那一位员工与其他员工的贡献谁大谁小。但是，他们仍然认为（或希望），自己能够设计出一种方法，足以达成这种目的。

人们很容易受误导而以为，发展出某排序的方法既精密又很确切，如此一定可以区分出某些人特别优秀，其绩效独立于过程之外。为什么人们会认为凭这种排序做法就有助于改善人员或过程？［通用汽车公司的诺尔·凯勒（Norb Keller）先生在 1987 年 11 月 8 日提出此问题］。

注释

1. 此段采自 H. 托马斯·约翰逊（H. Thomas Johnson）《攸关性失而复得》，或译《丰田式生产管理下的成本管理》（*Relevance Regained*）The Free Press，1992.

2. 彼得·德鲁克（Peter Drucker）《管理：使命、责任、实务》（*Management Tasks*，*Responsibilities*，*Practices*，Harper & Row，1973）.

3. 克拉伦斯·欧文·刘易斯（Clarence Irving Lewis）《心灵与世界秩序》（*Mind and the World-Order*，Scribner's，1929。由纽约的 Dover Press，重新发行）。我建议由第 6、第 7 或第 8 章开始阅读。

4. 有许多人帮助此节的写作。我特别要感谢温迪·科尔斯（Wendy Coles）博士和琳达·多尔蒂（Linda Doherty）博士。

5. 此部分由琳达·多尔蒂（Linda Doherty）博士提供。

6. 1992 年 8 月 11 日，阿尔菲·科恩（Alfie Kohn）在辛辛那提市所说的。

第 5 章

领 导 力

发现，是无法事先计划的。

——欧文·朗缪尔[⊖]（Irving Langmuir）

本章目的。了解渊博知识系统会导致管理的转型。此一转型会引领我们采取前面曾经讨论过、那种具有目的的系统。该系统中个别组成部分，致力于整体的最优化，彼此相互支持而更为强而有力，而不是彼此竞争。政府与教育部门也需要这种转型。

任何组织的转型，都需要有人来领导才能落实。转型不会自动发生。因此在这里，我们有必要探讨"领导"这个主题。

领导者是什么？根据我的定义，领导者的职责是完成其组织的转型。他必须具备知识、人格风范与说服力（见第 6 章）。

领导者如何完成组织的转型？第一，他有理论。他了解为何转型会为其组织以及所有利害关系人带来利益。第二，他觉

⊖ 1881—1957，美国化学家，以灯泡设计突破等闻名。——译者注

得完成组织的转型，这是对自己也是对组织的义务。第三，他是个务实的人。他有计划，它是一步接一步、按部就班的，而且也能用简单的话加以说明。

然而空有转型的想法并不够。他必须说服并改变足够多的有权力者，以促其实现。他有说服力，他了解众人。

各种大构想：大计划。从我每周收到的来信看来，或许我可以说，有宏大想法的人，往往会遭受重大的挫折。某人来信提出个大构想，大到连我也无法了解。他深感失望，因为老板没兴趣听他谈大构想。甚至同事也提不起劲。这个了不起的构想，只能落得原地踏步，毫无进展。或许我应该向他建议，在他发表其构想时，应该描述其行动计划，同时提出预估的结果。大构想要能为人所接受并付诸行动，有赖简单扼要的说明。

某位领导的范例。兹举个实例，或许有助于说明我用"领导者"一词的意思。在历史上多的是领导者，有些是对人有利的善人，有些则是恶人。我的故友莫里斯·汉森（Morris H. Hansen，1990 年 10 月 9 日过世，享年 79 岁）是个伟大而善良的领导者，足为典范。

1929 年美国股市大崩盘之后，全国陷入经济大萧条。在 1930 年，失业非常严重，当时对"失业者"还没有可运作的定义，但有一个通用的名词："有工资者"（gainful worker）。

至于不属于"有工资者"的人究竟有多少，每位专家各有不同的数字估计，而且差异很大，因而都不被当局采用。

国会对于这些离谱的估计值很不满意，下令对非"有工资者"进行全面普查。

他们命令全国的邮递员，都必须负责向自己邮递路线上的每个人搜集其就业信息。位于华府的邮政总局里有完整的邮递员名册，因此看起来应该是一件很简单的工作。奉命执行这项任务的联邦紧急救难署,聘请约翰·毕格斯(John B. Biggers)主持研究。因此,后来这项研究就被称为毕格斯研究。由于取得的资料量过于庞大,完全派不上用场,这是可想而知的。

另一方面,汉森当时只有24岁,他自1935年起在华盛顿的人口普查局任职,当统计员。他在大学选修过统计理论课程,具备一些概率理论以及调查误差等方面的知识。他拟订一个计划来特别处理这项研究,以随机的方式,选取52条邮递路线来调查。除了涵盖的范围完整,他也深入了解各相关问卷问题回答的意义。

汉森根据抽样出来的邮递路线所作的研究结果,出版了一本薄薄的报告书。它为国会所接受。而毕格斯的普查研究,因为有太多未作答与错误回答,被人束之高阁。

我要说的是,汉森是一位真正的领导者:他的脑海中有一些概率理论,同时也能基于务实的考虑,设计邮递路线的样本,以取得必要的信息。再者,他有能力将自己的计划向别人说明,让人了解。

他明白无法以一己之力来完成这项任务,所以他说服了许多有意愿并能够了解他的理论的人士,共同参与这项工作,以下是部分名单:

菲利普·豪瑟(Philip M. Hauser)

卡弗特·戴德里克(Carvert L. Dedrick)博士,人口普查局统计长

弗雷德里克·斯蒂芬(Fredrick F. Stephan),顾问

塞缪尔·斯托弗(Samuel A. Stouffer)博士,威斯康星大学社会学教授,顾问

约翰·韦伯(John Webb),负责执行工作

附带一提，汉森的邮递员样本有可能并不符合国会的原来要求，因为当初国会曾指明，这次研究应该包括每一家庭，以求结果精确。

这项研究的另一个贡献，是把劳动力、失业以及部分就业的概念，以及其操作性定义界定出来。[1]

此后，美国政府不断以统计方法进行调查工作。公共事业促进局[⊖]在 J. C. 斯托克（J. C. Stock）与莱斯特·弗兰克尔（Lester Frankel）的指导下，开始每季（后来改为每月）调查失业的状况，1940 年以后，改由人口普查局执行。之后还有每月和每季的生活费用的物价调查，以及房屋开工率调查，都是以概率理论为调查设计的指导。

J. C. 卡普特（J. C. Capt）于 1940 年出任人口普查局局长。他具有识人之能，重用具有领导能力的人士，像汉森，当时已升任助理局长的郝瑟以及担任顾问的史蒂芬和史笃佛。卡普特先生有完全的决策自由，他告诉过我："只有总统才能阻止我。"

1940 年美国人口普查中，关于个人以及家庭信息的搜集，主要是靠平均每 20 人抽 1 人，每 20 家抽 1 家。抽样方式提升了结果的精确度，也节省了许多制表的时间与经费。

不久之后，世界各国政府纷纷派员跟汉森学习，人口普查局为了此事，特别成立一个部门，专门负责接待与提供指导，由狄瑞克主管。

汉森在威廉·赫维茨（William Hurwitz）的协助下，知识与地位不断提升，1945 年升任人口普查局的助理局长，专门负责人口普查局的统计标准。

在《转危为安》原书第 467 页上所示的虚线关系组织图，就是汉森

⊖ Works Progress Administration，这是美国罗斯福总统新政政策下新设的机关，后来改称为 Work Projects Administration，WPA。——译者注

当年为人口普查局所作的整体规划模式，图中的虚线代表了负责人口、农业、政府、生命、地理等不同统计工作人员与汉森（领导者）之间的关系。

注释

1. 谢谢菲利普·豪瑟（Philip M. Hauser）协助我整理此等事情的记忆。

人 的 管 理

> 不准你争辩的老板，不值得你为他卖命。
>
> ——莱斯利·西蒙（Leslie E. Simon）准将，
>
> 他 1936 年任上尉时所说

本章目的。我们在"监狱"里，饱受目前风行的人与人之间、团队之间、事业部之间的互动方式之淫威。我们必须把理论及实务都抛开，重新建立。我们必须把"竞争是必要的生活方式"想法扬弃。我们要用合作来替代竞争。本章的目的是要检验采用本书所揭示的新理念去管理员工的种种做法。

现行奖励制度之下的效应。图 6-1 显示在现行奖励制度之下产生的某些破坏力，以及它的效应。这些破坏力在每个人的一生中，压榨其自动自发的动机、自重与尊严。让他心生恐惧、自卫心、臣服外在的动机。现行制度对人们的摧残，由人们学习走路阶段就开始，一直持续到大学、就业。我们必须设法保存天生的发自内心的动机、尊严、合作、好奇心与学习的乐趣等力量。本书所揭示的转型，将有助于逐渐强化图 6-1 下半部分的正面力量，并缩小上半部分的破坏力量。

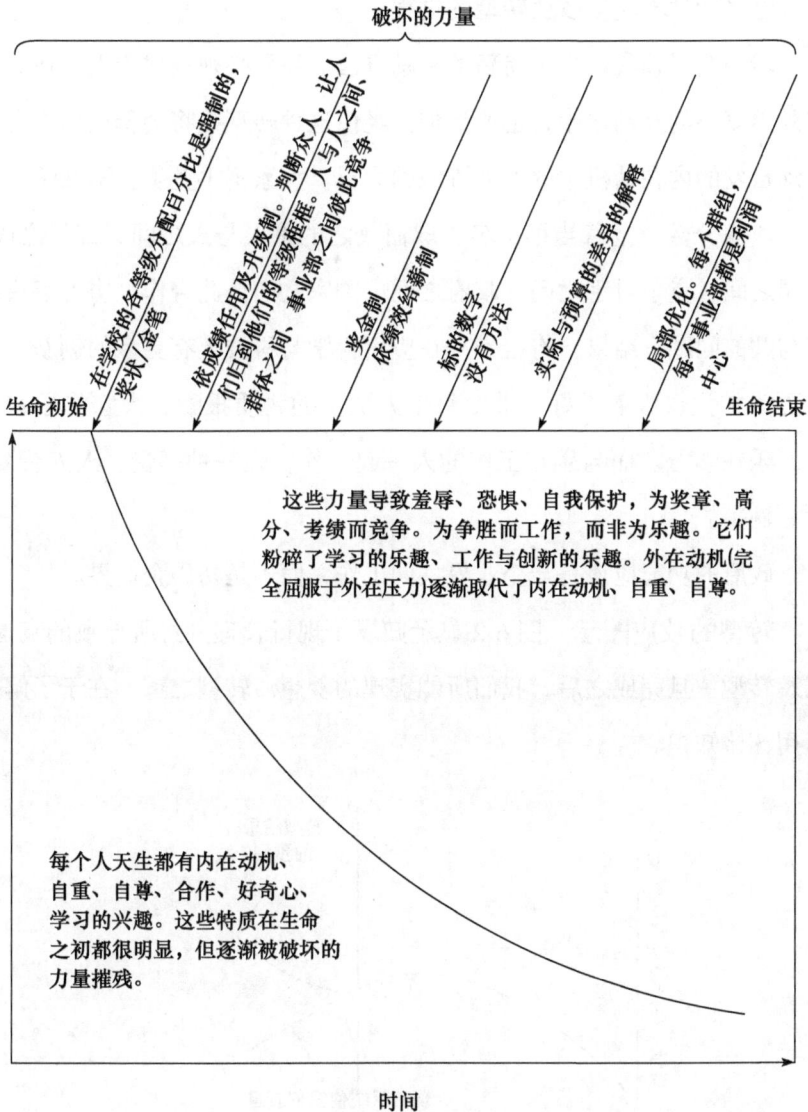

破坏的力量

在学校的各等级分配百分比是强制的，奖状/金笔

依成绩任用及升级制。判断众人，让人们归到他们的等级框框。人与人之间，群体之间，事业部之间破此竞争

奖金制

依绩效给薪制

标的数字

没有方法

实际与预测的差异的解释

局部优化。每个群组，每个事业部都是利润中心

生命初始　　　　　　　　　　　　　　　　　　　生命结束

时间

这些力量导致羞辱、恐惧、自我保护，为奖章、高分、考绩而竞争。为争胜而工作，而非为乐趣。它们粉碎了学习的乐趣、工作与创新的乐趣。外在动机(完全屈服于外在压力)逐渐取代了内在动机、自重、自尊。

每个人天生都有内在动机、自重、自尊、合作、好奇心、学习的兴趣。这些特质在生命之初都很明显，但逐渐被破坏的力量摧残。

图 6-1　图上方的力量会破坏人民与国家在创新与应用科学方面的能力，我们必须以管理（使个人能力得到提升）来取代这些力量

政府、产业、教育界都需要转型。管理者处在稳定的状态之下，要脱离目前的状态，必须要转型，而不是就现行管理方式作修修补补的

工作。当然我们碰到问题时要加以解决并将病根除去（消灭问题之火），但是这些行动不应该改变转型的进程。

转型会引领我们采用崭新的奖励方法。我们必须重建个人，在个人与外界复杂的互动之中，也要重建。经由这种转型，将会释放出隐含于自动自发的内在动机中的人力资源的力量。大家不再竞争，不在争高排名、争高分数，抢着当第一名，取而代之的是人与人之间、部门之间、公司之间、竞争对手之间、政府之间、国家之间彼此合作，协力解决利害与共的问题。结果，将会带来在应用科学与科技上有更多的创新、市场更为扩大、服务更好、带给每个人更多的物质报酬。大家将乐在工作，乐在学习。而与乐在工作的人一起工作，是一种享受。人人皆赢，没有输家。

政府的功能应该是与企业界共同工作，而不是妨碍企业界。

转型的效应图示。图 6-2 显示归属于现行管理方式所导致的衰退，以及转型一旦完成之后，我们所能实现的梦想。转型之道，在于了解并运用渊博知识。

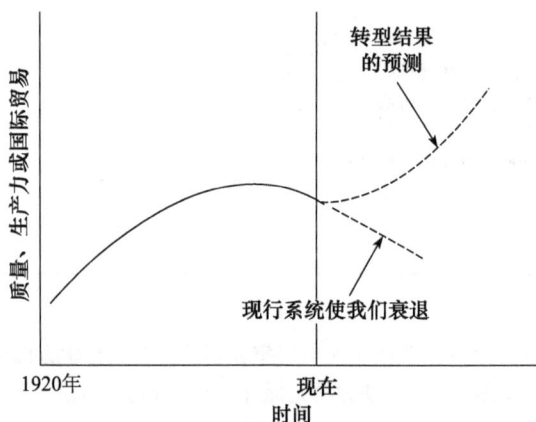

图 6-2　转型的效果预测

仅仅饱学所有现行的管理方式，仍然是不够的。犹如你很清楚冰的一切相关知识，但是对于水，却仍然会一无所知〔由爱德华·贝克（Edward M. Baker）博士贡献〕。

无法兼容的希望例子。有一家公司列出如下：

标的与目标

（1）建立奖励制度来表扬卓越的绩效、创新，超乎常人的关怀与投入。

（2）创造并维持激动人心及愉悦的工作环境，以吸引自动自发、有才能的人，并留住人才。

评论：事实上，上述两大标的是彼此互不相容的。第一个将会导致员工之间的冲突与竞争，从而肯定会造成士气低落。它将剥夺人们的工作乐趣，这样第二个标的不可能达成，就算它多么崇高。

人的管理。我们不要去评价员工，将其排等级，或硬把他们塞进某分类（杰出、卓越、一直排到不理想）。我们的目的应该是协助员工将系统达到最佳化，让人人受益。

人的管理者的新角色
这是在转型之后，
人的管理者的新角色。

（1）管理者充分了解整体系统的意义，并传达给员工。他要说明系统的目的，他要教导员工了解群组如何共同支持这些目的。

（2）协助员工将自己视为整体系统的一部分，要与前一阶段以及后一阶段的人分工合作，以促使所有阶段达成最佳化，完成整体系统的目的。

（3）管理者深知：人人都各不相同。他会设法引发每位员工的兴趣与激情，以及他对工作的乐趣。他会设法让每个人不同的家庭背景、教育程度、技术、期望以及能力，达成最佳效果。

这种做法并非将人员排等级，反而是承认人与人之间的差异性，并且设法让人人适得其所，得以发展，能全力发挥。

（4）管理者必须是个永续的学习者。他鼓励其工作伙伴去进修。他在可行的情况下，会尽可能安排提升学习的研讨会与课程。对于有意愿继续到大学求学的员工，他会大加鼓励。

（5）他是位教练与顾问，而不是法官。

（6）他了解什么是稳定的系统。他了解各种互动：人与人之间的，以及他们与工作环境的。他了解任何人去学习一项技能时，绩效最后都会到达某种稳定的状况，此后即使安排再多的课程，也不会带来绩效上的改善。因此人的管理者知道，在这种稳定的状况下，告知员工他所犯的错误，只会徒增其困惑。

（7）他有三种权力来源：

1）职位上的权势

2）知识

3）人格和说服力，处理人际问题及复杂议题的能力和敏感度。

成功的管理者会培养上述第二项与第三项能力，而不依赖第一项权力。但是他有责任利用第一项权力来改变流程、设备、原料、方法，以促成进步，诸如降低产出的变异等［罗伯特·克莱坎普博士（Dr. Robert Klekamp）提供］。

居上位的人，如果欠缺知识或人格（第二项与第三项能力），就只好依赖职位上的权势。他在潜意识中，为了掩饰自己能力上的不足，会让每个人都清楚是他大权在握。他的任何心愿，他人都必须落实。

（8）他会研究结果，以求改进自己身为管理者的绩效。

（9）他会找出是否有人落在系统（分布）之外，他们需要特殊的帮助。只要有个别员工的生产或失误的数据，经过简单的计算，就可以做到这一点。所谓特殊的帮助，或许只是重新安排工作，也可能是更复杂的状况。需要特殊帮助的员工，并不是因为他们落在分布曲线中最差的5% 内，而是他们根本就在分布曲线之外（见图 6-3）。

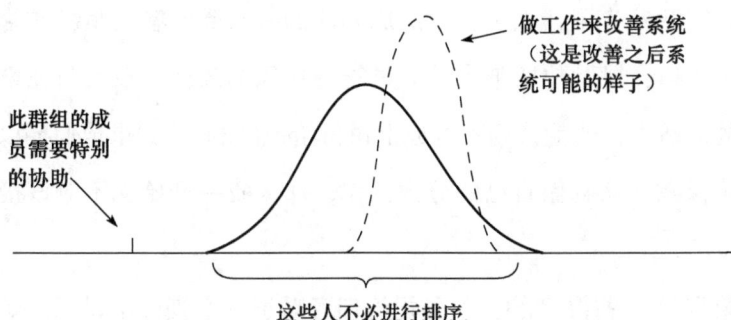

图 6-3　生产或失效的图，如果有数值就可以点绘出其分布。研究这些
　　　　数字可以了解系统，以及（如果有）系统之外的极端值

（10）他创立信任感。他营造出一个鼓励自由与创新的环境。

（11）他不期望完美。

（12）他倾听并学习，同时不对发言者进行评判。

（13）他与员工每年至少有一次非正式而从容的会谈，这并不是要评分，而是倾听员工的心声。目的是要进一步了解员工，他们的目标、希望以及恐惧。会谈是自然进行的，并不是经过事先刻意安排的。

（14）他了解合作的优点，以及人与人之间或团体之间因竞争所产生的损失。[1]

我另外还有许多建议，请参阅《转危为安》第 3 章。

例子。有一次，我到位于纽约州奥本尼市的纳舒厄胶带公司（Nashua Tape Company），看到会议室内有好几个人在开会，大家忧心忡忡。问题是什么呢？原来，有一卷纸（重达一吨）在生产线的尾端准备裁切成小单位时被拒收，损失惨重。这些人正在检讨制程，试图找出改进之道，以免同样的问题再度发生。数年前，该公司发生过类似的重大缺陷状况，不过当时处理问题的程序与现在很不同。当时领班把箭头指向某个倒霉鬼，惩罚包括：①责备与贬斥；②不准加班；③降职。

这两种处置重大缺陷问题的方式，差异十分显著。在这两次事件之间，究竟发生了什么事，才造成如此的差异呢？答案是新的管理者鲍勃·盖格，以及他所带来的人员管理作风的改变。在我与他第一次会面的谈话中，他就谈到不赞成上司付给他红利。"如果他们要以付红利来确保我会认真做自己的分内工作，那么我一开始就不应该接受这个职位。"

荣誉制，划得来的。某公司管理者对于近亲丧假给付规定颇为严格，给假3天去处理家务事。对于近亲的界定很谨慎、明白。员工甚至可能必须附上死亡证明书，而且周末、周日和公共假日等，都算在3天丧假之内。结果，每一位有丧事的员工，都会请足3天丧假。

后来，做法改变了，凡是要请丧假的员工，可以先与他的上司商量、安排。结果，员工实际请丧假的平均天数，只有原来的一半。

公司对人的错误管理，是否阻碍了自己的发展呢？假设A，B，C，……代表公司内每一位员工个别的能力。公司由员工所得到的效益，究竟是什么？公司员工一起工作时，彼此会有互动，因此其整体能力可以表示如下：

个别　　　$A+B+C+D+\cdots$

$$
\begin{cases}
+(AB)+(AC)+(AD)+\cdots \\
\qquad\quad +(BC)+(BD)+\cdots \\
\qquad\qquad\qquad +(CD)+\cdots \\
+(ABC)+(ABD)+(BCD)+\cdots \\
+(ABCD)+\cdots
\end{cases}
$$

互动

第一个算式是公司内工人个别能力的总和。后面各式中的括号，代表员工之间的（有利或不利）互动，包括2人间、3人间、4人之间等。他们可能在互相协助，也可能彼此妨碍，因此互动所产生的效果，可能是：

- 负值
- 零
- 正值

为什么公司整体的能力，有可能低于个别员工才能的总和A+B+C+D+…？

可能的答案之一是，管理者未能依个别员工的多元能力、才能、家庭背景、经验，以及希望，而充分善用每个人的能力，使A+B+C+D+…中个别员工的总贡献被打了折扣。

另一个答案是互动为负值，抵消了个别员工的能力总和。为什么公司会导致互动为负值，而对自己不利？这是如何造成的？原因或许是考绩制度，或许是由于将员工与销售人员排等级，以及鼓励人与人之间、团队之间、部门之间、事业部之间的竞赛评量。简言之，就是竞争。

管理者的主要职责之一，就是了解互动的存在，追查其由来，然后将负值或零的互动，转变成正值的互动。

管理者必须追问，为什么有些离职的员工到新公司去上班，对新公司的贡献，远超过在原公司呢？

原因在于我们对于人的管理是否适当，有的管理者会因管理不当，无法让所有员工形成一个整体来发挥组织的乘数作用［本段取自刘易斯·拉塔易夫（Louis Lataif）先生亲口向我解释的一席话，他当时服务于福特汽车公司，现在是波士顿大学商学院院长］。

为什么许多员工离职后另谋他就，在新公司的表现，却高于他在原来公司的表现？一辆汽车的整体表现，是否如同它个别零件的表现一样好？

PDSA 循环。[2]PDSA 循环（见图 6-4）是流程图，用于学习以及改进产品或过程。

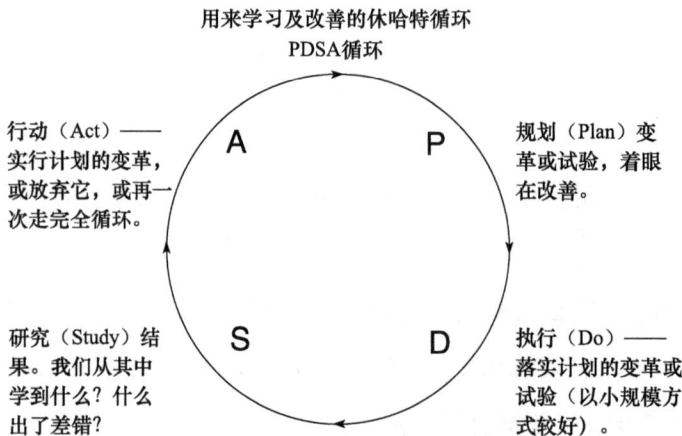

用来学习及改善的休哈特循环
PDSA循环

行动（Act）——
实行计划的变革，
或放弃它，或再一
次走完全循环。

A   P   规划（Plan）变
革或试验，着眼
在改善。

研究（Study）结
果。我们从其中
学到什么？什么
出了差错？

S   D   执行（Do）——
落实计划的变革或
试验（以小规模方
式较好）。

图 6-4　学习、产品或过程的改善流程图

步骤一：计划（Plan）。某人有个改进产品或过程的构想。这是第"零"阶段接，包含在步骤一中。它导向去规划如何测试、比较或实验。步骤一是整个循环的基础。仓促的开始，会导致效率低下、费用偏高以及令人饱受挫折感。大家往往急于结束这个步骤，迫不及待地开始有所行动，积极忙碌地进入第二个步骤。

计划阶段开始时，可能要在数个建议案中做选择。我们应该选择哪一个来试验？结果可能会如何？比较一下各项选择的可能结果。在各个建议案中，如果以取得新知识或利润而言，哪一个会最有希望？问题可能在于如何达成一个可行的标的。

步骤二：执行（Do）。依据步骤一所决定的构想，最好是采取小规模方式进行测验、比较、实验。

步骤三：研究（Study）。研究执行结果是否与期望和预期相符？如果不是，问题在哪里？也许我们在开始时就错了，这时应该从头开始。

步骤四：行动（Act）。　　　进行变革。

　　或是　　　　　　　　放弃。

　　或是　　　　　　　　重复这个循环，可能在不同的环境条件、不同的原料、不同的人员、不同的规则之下。

大家必须注意，无论进行改变或放弃，都需要预测。

以新引擎的开发规划为例。假设工程师为新引擎拟定计划。他们完成了开发过程的绝大部分，但是还没有将各成果排定顺序。其中一项是训练 100 位技术工人从事机械、检验以及装配。图 6-5 的流程图显示这些细项的顺序以及彼此之间的关系。根据其中最后阶段的结果，工程师们可能要回头重新进行实际绘图的阶段。透过流程图，每个人都能了解各阶段之间的关系。

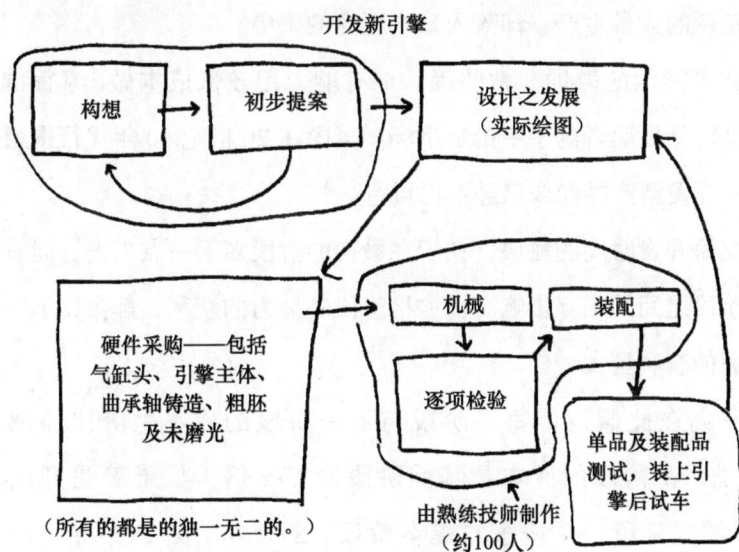

图 6-5　开发新引擎时建议实行的步骤

缩短开发时间。很多人都会谈到加速新产品开发这一议题。他们会提到它的原因，通常是想趁顾客的偏好仍未变时，尽快把产品送到他们手中。这种努力很可贵，但是出发点却是错的。因为顾客今天说偏好某样东西，明天也许会买别的东西。因此，不论是缩短新产品的开发时间，或者是赶快找出更廉价、更快速的新生产方法，主要的价值在于能降低成本。

为求缩短开发新产品的时间，一般的做法是仓促地完成开发作业，结果却常发现，个别部分无法组合起来，或是突然有更新、更优秀的设计点子出现。于是一切必须再回到开发的原点，重新开始。结果，既会浪费时间、提高成本，最终产品也不如预期。

想缩短产品制造方法的开发时间的理由之一，是想进入某产品或服务的既定市场。加速过程的开发，有助于在最易赚钱的时候掌握先机。开发过程这一方式，比开发新产品、服务更为有利可图。例如录像机、传真机、雷射唱盘等，前两者为美国人所发明，荷兰人发明后者，但是最后三者的大量生产，却落入日本厂商的手中。

此等案例的教训非常明确。谁有能力用较低成本做出（标准）产品，就能从发明者的手中抢走市场。美国在 20 世纪 60 年代行得通的途径——开发新产品如今已经不再可行。[3]

缩短开发时间的秘诀，在于在最初的阶段多下一点工夫，同时要研究各阶段之间的相互影响。在愈早阶段的努力的获利，都会比下一阶段的努力的获利更大。

我们在此假设，每一阶段与下一阶段的成本呈等比递减。具体地说，某阶段的成本是其前阶段的 $1-x$ 倍。如果 K 是开始阶段（第"零"阶段，是概念与提案阶段）的成本，那么第 n 阶段的成本为

$$K_n = K\ (1-x)^{\ n} \qquad\qquad (6\text{-}1)$$

从开始到第 n 阶段的总成本为

$$T_n = K[1 + (1-x) + (1-x)^2 + (1-x)^3 + \cdots + (1-x)^n] \qquad (6\text{-}2)$$

我们知道方括号内的数字，只是 $1/x$ 的 $(1-x)$ 次方之展开。如果将 x 写成 $x = 1 - (1-x)$，就更容易看出其关系。如果 $0 < x \leqslant 1$，该数序会收敛，这满足我们先前的要求。进一步说

$$T_n = K\left\{[1 + (1-x) + (1-x)^2 + (1-x)^3 + \cdots + \text{无限}\ ] - \frac{(1-x)^{n+1}}{x}\right\} \qquad (6\text{-}3)$$

$$= \frac{K}{x}\ [1 - (1-x)^{\ n+1}]$$

图 6-6 表示某产品或制程的开发过程中，各阶段的成本和努力逐渐递减。

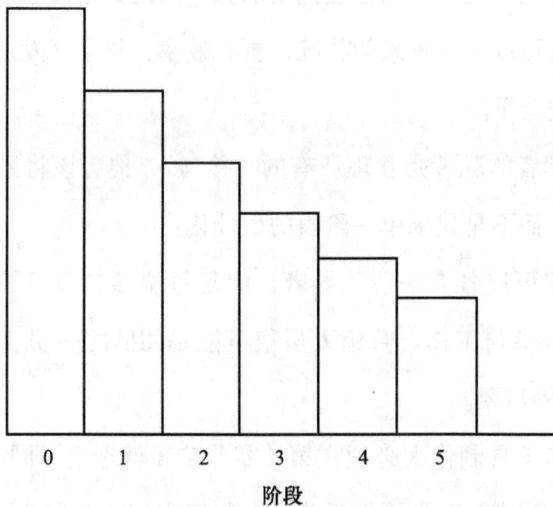

<figure>阶段</figure>

图 6-6　图标某产品或制程的开发过程中，各阶段的成本和努力逐渐递减，在第零阶段，点子、概念、想象最高。此图各阶段以等比级数表示，每阶段的成本只是其前一阶段的成本的 $(1-x)$ 倍

只举个例子来说明，这可不是建议。我们假设 $x = 0.2$，那么在第零阶段之后 8 阶段的成本为

$$T_8 = \frac{K}{0.2}[1-(1-0.2)^9]$$
$$= 5K[1-0.1342]$$
$$= 4.33K \qquad\qquad (6\text{-}4)$$

所有 9 个阶段（含第零阶段）的平均成本，是第零阶段成本的 0.481 倍（$4.33K \div 9$）。

第 8 阶段的成本，则为 $K(1-0.2)8=0.168K$，约只有第 0 阶段的 1/6。

第"零"阶段是整个计划的基础。因此，在第"零"阶段要积极提出构想和脑力激荡，以免在后面阶段还得再度回去重作，或者必须改变原来的方向。在愈后面的阶段改变方向，成本将随阶段递增。

回头重来的状况，虽然无法完全消除，但是如果按照这里建议的方式进行，必将可以减少重来的状况，更有效率，整个开发过程会更为快速，总成本也会下降。

项目管理者的职责是管理所有的"接口"，他应该将系统视为整体组织来管理，而不是只求单一阶段的最佳化。

每一阶段可以各有一位领导者，但是每位参与项目的成员，可以在所有阶段都参与工作。营销人员很可能是团队之一员，尤其是在第"零"阶段特别重要。

供货商与工具制作人必须在第"零"阶段就选定，同时纳入团队，成为其一员。当产品开发至最后阶段，他们应该已经准备好必要的物料以及工具。他们在每一阶段，包括在第"零"阶段，都应有所贡献。

负责整辆车的管理者，也必须是引擎开发小组的成员。

最高管理者必须严禁任何高阶管理者或其他任何阶层的人员，在开发即将大功告成的阶段，才提出什么高明的想法。高明的想法应该早在第"零"阶段就提出，而不是等到最后阶段。

产品开发系统必须加以管理，它无法自行管理。

图 6-6 投入的成本与努力会逐阶段地下降。在第"零"阶段所需的构想、概念、想象为最多。各阶段的成本为几何级数，任何阶段的成本，均为前一阶段的 $(1-x)$ 倍。

例子。据我所知，福特汽车公司在印度尼西亚雅加达制造传动系统的管理者，在最初阶段，增加了关注与成本，目的是改进铸造的划一性，以利后续的制造过程。结果这种"慎于始"的做法，使传动系统的成本减半，最终成品的质量也大幅改善。

对于现行开发的会计实务的评论。与新产品或过程相关的资本设备成本，在各阶段，也是呈现几何递减（$1-x$）的情况，然而在传统会计实务上，却会将费用在未来认列。

现行会计实务强化了一个错误的观念，即开发期间所作的决策与未来的成本是相互独立的。我们要记住，未来成本包括资本支出加上维修、操作，以及顾客所承受的损失等，这些支出的高低，都与早期的决策息息相关。

分摊责任的危险。[4] 我在某位客户处工作。我的顾问作息时间为，早餐时就开始工作，然后在甲单位开会 1 小时，乙单位花半小时，丙单位开会 2 小时等，直到晚餐时刻。有两位出纳人员前来求助，他们任职的事业部有 900 位员工。我问他们到底有什么问题？答复是："我们本来预定每周四下班前，把每位员工的上周工资支票发出去。为了达成这项目标，我们每天晚上加班，甚至星期天都在工作。但我们发现，工作愈努力，却愈赶不上进度。""你们做些什么？"他们回答："这些薪资卡很多数据不一致，很多明显有错误，还有些空格没填。""让我看一下。"（见图 6-7）

日期 ————— ————— —————
　　　　　年　　　　　月　　　　　日

————————————　————————————
　工号（识别号）　　　　　　签名

时间		工作时数	工作码	支薪码	工资
上班	下班				
本日工资合计					

————————————————————
领班签名处

图 6-7　工资卡，太多签名处，员工需要作太多计算

　　读者很快就可以察觉问题的源头：卡上有两个签名栏。工人在卡上签名之后，再留待领班改正错误。领班签名时，却假设工人最知道自己的情形。结果是缺漏、不一致，以及填错格的情况，层出不穷。

　　解决之道：将下周待用的 900 张卡片上的领班签名栏删除，再下一周待用的 900 张卡片也作同样的处理。之后，没有领班签名栏的新卡应该可以印好了。此外，如果工人没有正确填表（当然得先确定他有填表的能力），就将卡片退回。你也不必在卡片上注明他的薪资会延后发放，

他自会知道。这个问题会在 3 周内消失。

3 周？问题经过 1 周就解决了。到底发生了什么事？星期一中午，900 位员工中的十多人的卡片被退回。到了星期二中午，又有 25 人的卡片被退回。在星期二中午，所有 900 人都知道，如果薪资卡填写不正确，卡片会被退回，工资可能会晚发。就这样，问题在 1 周内消失了。

秘诀何在？很简单。如果工人有能力正确填表，就应该要求他们自己填。切忌将他的责任分给领班共同承担。责任一旦分散，就会落入无人负责的困境。

共同责任。共同责任与分担责任完全不同。在许多活动中，都会出现多人共同负担责任的状况。教师与学生之间的关系，就是一例。学生在教师指导之下学习，需要双方共同努力。任何一个在组织之内工作的人，都应该和供货商与顾客共同工作。两个人在票据上签名，就必须共同为付款负责。婚姻也会创造共同的责任。一个委员会中的成员，与其他成员有共同责任，每位成员都应该为委员会的决议负责。

升迁。人事管理中还有一项重要的课题，就是升迁。升迁是迁移到一个新的职位，我们无从很有把握地预测，被挑选升迁的人是否能胜任新的职位。

决定升迁的方式，最常见的就是通过推荐。某人会被升迁的机会，取决于谁知道他，换句话说，谁知道你。

推荐某人升迁是以自己的信誉作担保。他有充分的理由相信，被推荐者在新职位上会表现良好。这种信心的产生，并非一朝一夕的事，而是来自长期，时间可能会长至 15 年之久，以便对被推荐者的绩效有深入了解。

至于一个人在目前职位上的表现，即使我们能加以评估，也无法作为预测其在新职位上表现的基础。

　　商学院应教些什么? 大学商学院的课程，所教的都是目前企业运作的方式。这种教学延续了现行管理方式，也就延续了我们的衰退。

　　商学院有责任协助学生准备去领导企业转型，让企业起死回生。他们应该教导的，是转型所需的系统理论以及渊博知识系统。他们应该提醒学生，由下列因素造成的损失是无法衡量的：

- 短期思考的弊病。
- 将人员、团队、工厂、部门排等级，奖励排名最前者，处罚殿后者。
- 依成绩任用及升级制的害处。
- 源自"仅依结果来管理"以及干预的损失。
- 奖金制度与按绩效核薪对士气的打击及造成的损失（理由很简单，绩效是无法衡量的）。

　　渊博知识系统告诉我们，为何上述做法会导致损失与伤害。

　　商学院的学生当然也应该学习经济学、统计理论、几门外语（至少两年）、一些自然科学（至少两年）。

　　纽约大学的斯特恩商学院以及哥伦比亚大学的企管研究所为了找出该教学生什么，在学期将结束的时候调查学生的意见，提出如下问题：

　　1. 你认为哪些教科书与著作

　　　　a. 对你个人而言最有价值？

　　　　b. 对你个人而言最无价值？

　　2. 哪些主题很重要，明年应增加授课时间？

　　3. 哪些主题明年应减少授课时间？

　　4. 还有哪些主题应该加进来？

学生哪里会知道学校应该教些什么？或许再等个 10 ～ 15 年，他们才会有些值得一听的想法。

美国教育简论。美国目前固然对于教育十分关心，然而除非我们的学校能做到如下改变，否则不会有显著的改善：

- 由幼儿园至大学都废除评分（分 ABCD 等）制度。因为在评分制度下，学生把注意力放在分数，而不是学习上。学生合作进行专题报告，却可能被为误解为作弊。分级的最大害处，是强制排名次，例如以为只有 20% 的学生可以得到 A 等。这真是荒唐，事实上好学生多的是。

- 废除对教师的绩效排名和赏罚。

- 废除依据成绩来评比学校优劣。

- 废除发给运动员和最佳服饰者的金星奖章。

说真的，随着量产转向自动化以及外移至他国，我们的未来在于：有能力提供特殊的产品与服务。因此，改进国家的教育比过去所想象的更为重要。今后，我们必须依赖的，是提供的服务赚钱，机器与设备的附加价值高、利润高。

我们的学校必须保存与培养每个人与生俱来的，对于学习的渴望。

学习的快乐，并不是来自学了些什么，而是在于学习本身。

工作上的快乐，主要并非源自结果、产品，而是源自我们对系统或组织最佳化的贡献，使人人都成为赢家。

反对学校的分数等级制。分数只不过是某个人（例如教师）以武断的尺度，来评量学生的成就。那种尺度有意义吗？我们能预测在此尺度上有高成就的学生，在未来进入企业、政府、教育界或成为教师时，他的成就如何吗？可能有其他的尺度是更好的预测指标。一些成绩低的学生，未来的表现或许会比成绩高的要好。

然而，我们还在用学生的成绩来预测其未来表现的好坏，分数或级等成为永远的标签。分数为某些人开启了一扇门，却对另一些人关上门。教师怎么可能知道学生未来的表现如何？如果某位学生似乎跟不上班上其他同学，有可能是由于教学上的缺失，而且在一些未测验的项目上，这位学生或许优于其他人。

学生如何才能得高分？就是将教师教过的东西，再原封不动地全盘吐出［爱德华·罗斯曼（Edward Rothman）博士 1990 年提供］。

学校评分制，正如同企业界想采用检验的方式来提升质量［威廉·拉兹克（William J. Latzko）提供］。

评分／评级的害处，更为强制排名制（仅有某一比例的学生可以得 A 等）所扩大（参考下节）。

由于评级制有上述荒谬误导，我绝对不给学生评级，在我的班上，每个人都及格。我阅读学生交给我的作业，并不是要评级，而是要：

- 了解我身为一个教师的表现。在哪些方面我做得不够好？我应如何改进自己的教学？
- 发现哪位学生需要特别的协助，并且确保给予之。
- 发现哪些学生表现特别好，从而可以指定更多学习而受益。我碰过一位这样的学生，我建议她学习极值理论，结果她对该主题深感兴趣。我也是如此。

我的学生永远有充分的时间：不必急着交出作业。有些最优秀的作业，晚了一年才交给我，学生所得到的评分都是 P，代表及格。

排名和分等级制产生人为的缺失。[5] 如果两人打网球，一人会输，一人会赢。桥牌、游泳比赛、跳高、赛马，也都是如此。人类以游戏、竞赛为乐，由来已久，古希腊人有奥林匹克运动会，今天我们还在举行。据我所知，运动竞赛不会有害处，同时在运动会中获胜，也不会带来不好的影响。

运动会的优胜者有限，冠军只有一个。不知为什么，我们竟然将运动竞赛的模式转化，在小学至大学实施评分制度，颁发奖章给校队选手，同时在公司内实行绩效制度，把团队以及部门排起等级来。所有这些做法，都是诱发人与人之间相互竞争。

评分与排名会导致高分数"假性缺失"（artificial scarcity）的现象，因为只有少数学生可得高分，只有少数员工能拿到最佳考核。这是不对的。好学生和好员工并不缺乏，为什么不能全班都得最高分，没有人垫底，也没有人拿较低的分数？此外，分数和考试的结果，往往只不过是教师的主观看法而已。

评分与排名制到底有什么影响呢？答案是，对于那些不是名列前茅的人，这会是一种羞辱，士气大受打击。即使是那些得到高分或排名在前的人，也会觉得赢得不光荣。

下面的"各级等应该出现的百分比"实例称得上可怕，这是由某个统计系所建议的（1991 年 10 月）：

(%)

级等	百分比
A	20
B	30
C	30
D	20
合计	100

其实对这方面的问题，统计学的老师，尤其是商学院，应该了解得更清楚。他们应该教导大家，为什么强制排序制是不对的。

教育界需要培养系统理论与双赢的观念。我们的子女去上学，学习了历史，也学习一些英语知识。但他们没有学习到：man 这个字，有两个意义，一个是指男性，而另一个意义是中性的，用于 chairman、spokesman 以及 tradesman、salesman 等字中。他们学的地理，充斥着各国首都的名称。如果地理学能综合经济学、历史、社会学、考古学等教材，不但会生动有趣，而且可以传递知识（不仅是信息）。学生会了解，美国明尼苏达州明尼阿波利斯市 [Minneapolis，字义是 "水的城市"（City of Waters）]，原是美国内河航行的源头。而且许多城市之所以位于目前的位置，都其来有自，各有道理，不是偶然的巧合。

学校也并未教导学生，在追求双赢的系统中，公民负有怎样的责任。相反，学校给学生的观念是，处处有竞争，必定有赢家和输家，而我们必须力争成为赢家。这些观念，鼓励我们投票给承诺为家乡做最多工作的候选人，却不了解：如此一来，会强行分出输家与赢家，结果是人人皆输。

评级、奖状、奖赏等的效应实例。它们的负面影响比比皆是，以下是一些实例：

1. 一位参加过四口研讨会的女士来函：

> 您谈到以评分与培养竞争的方式，来教导子女所产生的害处。这让我想起儿子在小学 1 年级发生的事，他如今已经是佛罗里达州立大学的大一学生。当时他就读于纽奥良斯的某私立小学，学校有年度科学展览会，规定 6 年级以上的学生必须提出项目，较低年级的学生则可以自由参加。我的儿子虽然才 1 年级，也提出了项目，而且全部由他自己规划与制作。在举办展览会的当天早上，他把作品带到学校。他对自己成果引以为荣，也很兴奋自己的作品能参展。当晚，我们去参观的时候，有些作品上面有得奖的彩带，而他的却没有，代表他的作品输了。此后直到 6 年级，他再也没参加展览。

2. 我的两位学生共同执笔的一封信:

阿尔菲·科恩(Alfie Kohn)在《废止竞赛: 竞争之弊》(*No Contest: The Cases Against Competition*)一书中, 向"竞争是有必要、具生产性、有效益的"说法, 提出挑战。他反驳下列4项常见的有关竞争的迷思:

- 竞争是人类本性的一部分
- 竞争比合作更能促进成功
- 竞争比较有乐趣
- 竞争建立个性

他接下来提出: 这4项迷思的反面才是正确的。

上体育课的目的, 应该是提升每位学生的体能。然而, 典型的体育课却是在竞赛, 使没有运动天分的学生无法从中受益。例如在打垒球时, 技术差的学生被安排在右外野, 因为很少有球会被打到那个方向; 在玩篮球时, 她就会一直坐冷板凳, 直到球队赢定了, 才有可能被派上场。因此孩子一旦从小被贴上不擅长体育的标签, 就很少有机会能从体育课中受益。

即使在组队对抗的方式上, 也涉及竞赛以及赢家和输家。首先, 由体育老师选出队长, 然后由队长选队员。队长会先选一批最佳的队员, 再与这些队员商量, 挑选第二级的队员。那些最后才被选上的人, 必须忍受遭到同学视为低能的屈辱。

在教室里, 有些人有机会神气活现, 但是有些人则没有。学生很早就被贴上了赢家与输家的标签, 使天生的学习动机以及学习乐趣, 饱受打击。班上的"冷板凳族", 往往不敢举手回答老师的问题, 生怕答错被同学讥笑。过于强调正确的答案，会打击学生尝试的意愿，也传达了不正确的信息，因为在实际生活中，很少有黑白分明的事。

传统上误认为，竞争能带来某些正面的特质，其实如果改为合作方式，结果还会更好。合作可以磨炼性格，也是人类的本性，并且让学习更富乐趣、更有收获。

我们在这所学校（纽约大学）商学院经历的一些最棒与最烂的经验，都与分组计划有关。在最好的小组里，成员彼此合作，分享愉快的经验，获得良好的成果，也留下持久的友谊。至于无效率的小组，则是内部彼此竞争。

本校绝大部分的课程都很注重分数，而使得学习的乐趣荡然无存。您的课允许我们在没有竞争的气氛下，提出问题和探索有创意的想法及理论，因此能轻松地引导学习。我们很感谢您。

3 另一封来函，可称为迟来的胜利：

我的女儿曾经把您的一篇论文带在身边，大约长达1个月之久，迟迟不敢给她的统计学老师看。那篇论文是《论以概率作为行动的根据》[○]。她终于鼓起勇气交了出去。在学期结束之前，老师向学生解释，他所教的内容没有用处，他们必须了解，由数据得出的推论是预测：预测的对错，并没有特定的概率；而标准误差与显著性检定，并不足以解决问题。

○ On Probability as a Basis of Action, *The American Statistician*, vol.29, no.4, 1975, pp.146-152。此篇有中译，参见《戴明博士文选》台北：华人戴明学院，2009，337-358。——译者注

4. 不要因为你的儿女成绩差就修理他们。1990 年 11 月 16 日的《华盛顿邮报》报导，在巴尔的摩，有 11 万学生把成绩单带回家时，附带有一封学校的信，呼吁家长不要因为子女的成绩差而责备他们。

巴尔的摩的官员说，他们并没有关于成绩单暴力的统计数据。但是根据一位处理虐待儿童案件的检察官及青少年咨询委员会的成员梅纳的说法，虐待案在成绩单刚发下时会暴增，多到值得我们注意。

注释

1. 阿尔菲·科恩（Alfie Kohn），《废止竞赛：竞争之弊》（*No Contest：The Cases Against Competition*，Houghton Mifflin，1986）。

2. PDSA 循环是我 1950 年到日本讲学时提出的，收入《质量的统计控制之基本原理》（东京：科技连盟，1950，绝版。此书的修正扩增版，在 70 年代和前几年，在台湾出版）。

3. 摘自《哈珀杂志》（*Harper's Magazine*），1992 年 3 月号，16 页。此文系引自莱斯特·瑟罗（Lester C. Thurow）所著《世纪之争：日本、欧洲、美国下一波的经济战》（*Head to Head，The Coming Economic Battles Between Japan，Europe，and America*，William Morrow 出版公司，1992）。

4. 取自拙著《转危为安》，208-209 页。

5. 阿尔菲·科恩（Alfie Kohn）的《废止竞赛：竞争之弊》（Houghton Mifflin 出版社，1986）。

红 珠 实 验

巧合与因果不可混为一谈。

——吉普西·兰尼（Gipsie Ranney）

本章目的。本章的目的是要用红珠实验来教一些重要的原理。本章章末有这些原理的摘要。

红珠实验。在我的研讨会中的红珠实验，我担任领班的角色。由于胜任的领班要费好几个月才能训练出来，所以我自己来担任。实验中的其他角色，由听众中的自愿者来担任。

所需材料（见图 7-1）

● 4000 粒木珠，直径约 3 毫米，其中 800 粒为红色，3200 粒为白色。

● 一个上有 50 个孔的勺子，可用来盛起 50 粒木珠（代表工作量）。

● 两个长方形容器，其中之一可以放入另一个之内（以节省空间）。在我使用的材料中，珠子（放在塑料袋内）以及一个勺子放入小容器，小容器又可以放在大容器中。容器尺寸如下：

大容器　20厘米×16厘米×8厘米

小容器　19厘米×13.5厘米×6厘米

进料（4000粒红白混合的珠子：800粒为红色，3200粒为白色）装在上述大容器送达公司。

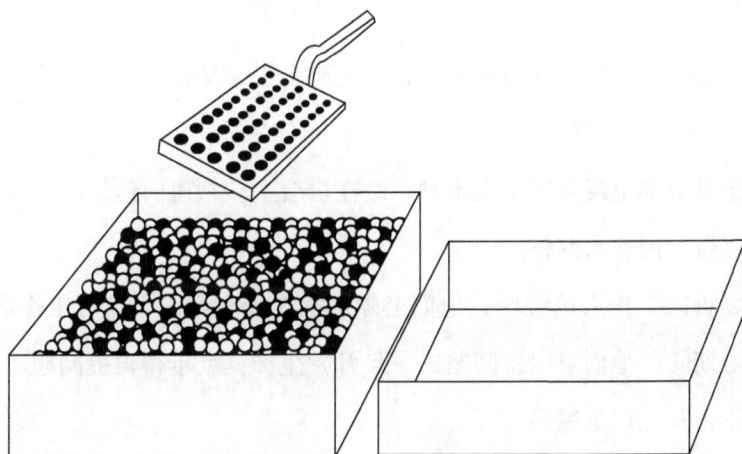

图7-1　珠子与勺子

实验程序

根据领班说明，公司计划扩厂，以响应新顾客的需求。新顾客所要的是白珠，而不接受红珠。可惜的是，进料中都有红珠混入（白珠与红珠混合进厂）。

扩厂需要雇用10位新员工，所以公司这样做广告：

诚招10名员工，包括：

- 6 位作业员，应招资格是必须工作努力，教育程度不限，不必有倒珠子的工作经验。

- 2 位检验员，要能区分红珠和白珠，以及能够计数至 20 即可，免经验。

- 1 位检验长，资格同上。

- 1 位记录员，必须写字工整，擅长加法和除法，反应灵活。

研讨会中有 6 位学员自愿担任作业员，走到讲台上，站在右边。

自愿担任检验员与检验长的人士走到台上，站在左边。检验长站在 1 号与 2 号两位检验员中间。

记录员也由观众席中走出来，站在讲台上。领班向他说明目前暂时没事可做，但薪水照领。

领班向工作人员说明，他们必须参加 3 天实习，以学习工作职责。在实习期间，他们可以提问题，一旦开始生产，就不得再提问题，也不得评论，只能埋头做事。

我们的程序非常严格，不得与程序有差异，因而在绩效上不致有变异。

记录员将工人、检验员以及自己的姓名记下。记录表用投影机放映在银幕上，让在座每位观众都可以看见。

领班向自愿的作业员解说，他们能否保住职位，完全视个人的绩效而定。没有什么正式的解雇程序，被免职者只需走下讲台，去结算自己的工资。讲堂台下还有数百合格的人可以替代。不准人员辞职（领班解释他为什么制定此规则，因为在波士顿附近的塞勒姆酒店所办的研讨会，其中有位自愿工人在实验做到一半时，就吵着要辞职。因为他受不了自己的霉运)。

我们的工作标准如下:每位作业员每天取出 50 粒珠子;两位检验员(实在太多了)分别独立计算其中含有多少粒红珠,并登记在纸上。彼此不得看对方的记录。

实验步骤

步骤 1:将进料混合。将珠子搅匀,倒入小容器内。做法是握住大容器的宽边,将珠子由大容器边角斜倒出,不必振摇。再以同样的方法,将珠子由小容器倒回大容器。

步骤 2:"产出"珠子。使用有 50 个孔的勺子取出珠子。握住勺子的长柄,把勺子插入大容器内搅拌,然后把勺子以倾斜 44° 的方式抽出,每个孔内都要有珠子。

步骤 3:检验。作业员将"成果"带给 1 号检验员,由他来检视"成果",并默默地登记其中红珠的数目。作业员再将"成果"带至 2 号检验员处,他也同样默默地登记红珠的数目。接着由检验长比对两人的记录,如果数目不同,则必然有错;如果相同,仍然有可能两人同时数错。最后的数目以检验长的点计为准,他会大声宣布红珠数目,然后说"退下"。

步骤 4:登录结果。记录员在实习阶段,并不需要做记录。一旦进入正式生产,当检验长宣布结果后,她就要把红珠数目显示在银幕上。在场的每一位观众也可以自己做记录,以备之后绘制控制图用。

领班请自愿员工注意我们的口号和海报(见图 7-2),这些对自愿员工的生产会有帮助。

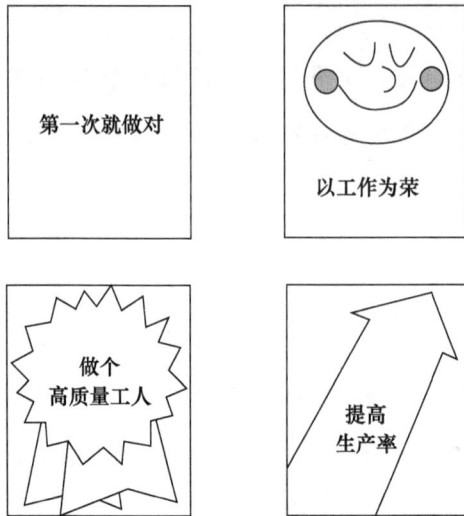

图 7-2　激励员工的标语

实验结果

第一天。第一天的结果让领班很失望（见图 7-3），他提醒自愿作业员，他们的工作是生产白珠而非红珠，这一要求，他在一开始就已讲清楚了。

我们这里实施依绩效定赏罚的制度，要奖励绩效良好的人。显然戴维值得加薪奖励，因为他只产出 4 粒红珠，可当我厂的最佳工人。

大家看一下提姆，他的绩效最差，有 14 粒红珠。

领班于是宣布，管理当局的目标数是：每个人每天不得产出 3 粒以上的红珠。

第二天。第二天的结果再次让领班失望，比前一天更糟。管理当局也在注意这些记录，成本已超过利润了。领班说："我在一开始就已经解释过，你们的饭碗要靠你们的表现、绩效。可是你们的绩效一塌糊涂。看看这些数字，如果戴维昨天只生产 4 粒红珠，其他人也应该做得到。"

自愿工每天的不良品（红珠）数的记录。每位自愿工每天抽取50个（批量）。

自愿工姓名	日期				All 4	5
	1	2	3	4		
斯科特	9	11	11	8	35	16	11
斯嘉蕾	6	11	9	9	37	8	10
拉里	12	7	5	5	29	6	9
梁利	11	10	13	11	43		
提姆	14	8	9	12	42		
戴维	4	11	12	12	39		
6人总和	56	58	57	54	225	60
x系计平均数	9.3	9.5	9.5	9.4	9.4	XXX

$$\bar{x} = \frac{225}{6 \times 4} = 9.38$$

$$\bar{p} = \frac{225}{6 \times 4 \times 50} = 0.188$$

$$\begin{matrix}UCL \\ LCL\end{matrix} = \bar{x} \pm 3\sqrt{\bar{x}(1-\bar{p})} = 9.38 \pm 3\sqrt{9.38 \times 0.812}$$

$$= 9.38 \pm 3 \times 0.812 \qquad \begin{matrix}17.66 \longrightarrow 18 \\ 1.10 \longrightarrow 1\end{matrix}$$

木制的珠子，一枚一枚

地数
总数　4000
红珠子　800
白珠子　3200
4号勺子

控制图的解释

本次的流程显示它处于统计控制状态。此结论是根据该程序的直接知识，以及6位自愿工所遵循的程序。这是一个原因是固定的系统的例子。其中没有任何证据显示，未来哪一位自愿工的表现会比其他自愿工更好。每位自愿工之间的差异，都是源自系统本身的变异（共同原因）。

每位自愿工业已全力以赴。

降低产品中所含红珠的比率方法之一，是设法减少进料中所含的红珠数目（管理者的责任）。

此控制界限或许可以作为未来维续此相同流程的变异界限的预测使用。

检验员：某甲；记录员：某乙；检验组长：某丁
使用：某丙，1990年11月14日

下图左方是1990年11月14日在那什维尔市的实验结果。该控制界限可以作为未来实验的变异幅度的预测参考。本次实验对于那什维尔市的实验而言，是一个未来的实例。

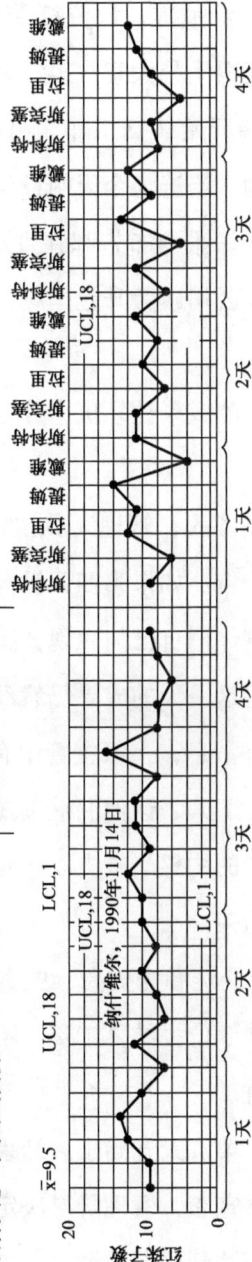

图7-3　数据由实验（1990年1月16在纽波特海滩举办的质量提升研讨会）所产生。与1990年11月14日在纳什维尔所作的实验（图左）将结果画在图右；图的解释。

领班搞糊涂了，我们的程序很严谨，为什么仍然存在变异？

大家看一看戴维，那位接受加薪的人。他一定是因为加薪乐昏头了，因为他变得十分大意，第二天竟然有 11 粒红珠。

显然拉瑞开始认真工作，由昨天的 12 粒红珠进步到今天的 7 粒，值得加薪奖励，当选为今天的最佳工人。

第三天。海报与布告都在宣示，第三天是公司的"零缺点日"，有乐队演奏，在公司旗旁升起国旗，前一天晚上还举行了一场提供奶酪与红酒的派对。

但这一天的成果让领班十分沮丧绝望，在零缺点日的表现，仍然没有任何起色。

领班提醒工人，管理人员在看着数字，成本已超过，没利润可言。管理者贴出公告：如果第四天没有大幅改进，公司准备要关闭工厂。你们的饭碗要靠你们自己的表现，我一开始就告诉过你们了。

第四天。这一天的成果仍然没有改进，再次令领班失望。但是他也带来了一个好消息，上级主管中有人提出一个很棒的建议，决定留任 3 位绩效最好的工人，让他们继续在工厂干活。想想看，太棒了！这是出自我们管理者的构想。有史以来对于管理最了不起的贡献，我相信你们必定以他们为荣。

3 位表现最佳者为史高、史实以及拉瑞。他们每天上两个班次以补足产量。其他 3 位去结算工资，不必再来了。他们已经尽力了，我们对他们深表谢意。

第五天。第五天开始了。结果并不如想象的好，领班与管理阶层同感失望。领班宣布，管理阶层决定要关厂，因为采取雇用最佳工人的构想，仍然没有达到预期的绩效。

最佳工人？雇用最佳的工人，让工厂继续运营的绝妙构想，到底出了什么差错？管理当局原来的（默许）期望，是要在未来有最佳的绩效。

在过去，3 位工人（史高、史实以及拉瑞）的表现最佳。他们在竞赛中获胜，但这是过去的事了。他们被留下来继续工作，而表现却令人失望，也让管理者的希望破灭了。事实上他们能在未来表现良好的概率，并不比其他 3 位离厂工人来得高。在 6 位工人中，必然有 3 位是前三名，但过去最佳的 3 位，要在未来同样表现良好，机会并没有更高。

管理者的职责并非从事竞赛，管理是一种预测［这是迈克尔·特威特（Michael Tveite）博士在 1987 年说的］。

一位叫安的自愿作业员的省思录。一位叫安的自愿工人，在做完红珠实验之后，对我说了一段颇具启发性的想法。我拜托她把这些想法写下来，她照做了。以下就是她的来信：

> 担任过红珠实验的自愿作业员之后，我学到的东西，远多于统计理论。我当时虽然知道系统不允许我达成目标，但是我还是认为自己有能力做到，我也希望如此。我非常卖力地去做。我感到有责任，帮其他人提高总成绩。我的逻辑和情感相冲突，这让我深感气馁。逻辑上说，我绝对不可能成功。情感则说，只要尝试，就可能成功。
>
> 在事过境迁之后，我思考着自己的工作状况。到底有多少时候，人们是处于自己无法掌握，却试图全力以赴的状况？他们确实全力以赴。过了一阵子，他们的动力、关怀、期望，又会有什么改变？某些人会变得冷漠，撒手不管。幸好还有很多人，只要有贡献的机会与方法，还是会坚持下去。

你所谓的相同的条件是什么意思？ 思考下面的问题，可以帮助你更了解"过程"的意义。"所谓持续相同的过程，究竟是什么意思？"

答案：

- 指相同的珠子。如果改换珠子，结果就会不同。

- 指相同的勺子。如果改换勺子，结果就会不同。

- 指相同的程序，这表示是相同的领班。不同的领班将会产生不同的结果。

关于改换勺子，我们不妨看一下数字。我在这些年来一共用过 4 把勺子，暂且依先后序称之为一、二、三、四（见表 7-1）。

表　7-1

勺子	$\bar{x}$
1	11.3
2	9.6
3	9.2
4	9.4

一号勺子是铝制品，是在 1942 年，我一位服务于 RCA 公司卡姆登厂的朋友帮做的。我在美国训练班使用它，还带去日本讲习会使用。二号勺子比较轻巧，便于携带，是 HP 公司的比尔·博勒（Bill Boller）先生帮我做的。三号勺子是用苹果木制的，很漂亮，但稍显粗大。四号勺子是用白色尼龙做的，由 AT&T 公司的雷丁厂帮我作的。

经过长时期实验的累积平均，4 个勺子所得到的平均红珠数，分别是 7.3 个、9.6 个、9.2 个与 9.4 个。

这些勺子所得到的结果，差异颇大。就像有人付钱买的是杂质含量 9.2% 的煤，结果收到的却含 9.6% 杂质，他一定会怀疑出了什么问题。

不论用哪一个勺子，没有人能预测红珠的平均值。

红珠实验的累积分布图。图 7-4 是至 1992 年 6 月 11 日所做的 53 次实验中，红珠的分布情形，由我秘书西西莉娅·克利安（Cecelia

S. Kilian）统计。其中有一次实验出现 20 粒红珠，比实验的控制上限超出 1 粒。基于我对这项过程的透彻了解，我判断那是一个"假信息"，而不是表示有什么特殊原因。

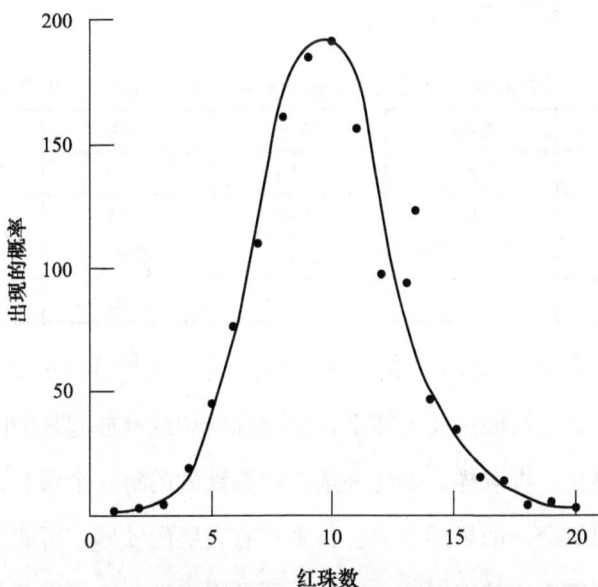

图 7-4　53 次实验红珠数的分布（截至 1992 年 6 月 11 日）

红珠实验的另一个教训。我们不能以进料中的红珠比率知识，作为预测产出中的红珠比率的基础。因为工人取出的木珠，并不是从原料中随机抽出，而是用机械式抽样得出。

日本工程师参加过我在 1950 年和 1951 年的 8 天研讨会之后，开始怀疑当时由一船矿砂中抽样估算铁砂的方法。抽出的矿砂样本会交给化学家去化验，以推定含铁量比率。他们要知道的是，一整船的铁砂，究竟值多少钱？

当时取得样本的方式，是由一船铁砂的最表层取出数铲，作为样本。日本科技联（JUSE）的大宗物质抽样委员会的主任委员石川馨（Kaoru Ishikawa）博士发现，在红珠实验中产出的红珠比率，与进料中红珠的比率并不相同，他因此开始钻研日本所进口的铁砂、煤、铜矿以及其他原料的抽样方式。该委员会针对这个问题进行研究，一些结果如表 7-2 所示。请注意它的日期是 1955 年，也就是在我 1950 年夏天第一次辅导日本工程师之后的 5 年。

表 7-2　由新旧两种抽样法所得含铁量百分比（1955 年 12 月 22 日）

矿场地	等级	旧法	新法	差异
邓根	A	59.95	55.33	4.62
拉勒匹	B	56.60	55.30	1.30
	C	59.25	58.06	1.19
萨马	D	55.55	50.42	5.13

日本工程师发展出一套新搜集样本的一次抽样（primary sample）法。当输送带把铁砂由船上卸下，送至炼钢炉或堆放起来的时候，将输送带随机停止，再取样。如此一来，整船铁砂的每一个颗粒，都有被选取为样本的机会。如果用旧方法，则只有表层的铁砂才可能成为样本。

读者可能会比较偏好新方法，并不是因为由此法所得到的含铁量比用旧方法低，而是基于工程上的考虑。新方法显示，等级 A 的邓根矿（Dungan Mine）以及等级 D 的萨马矿（Samar Mine）的含铁量都降低约 10%，其他两处铁砂的含铁量则降低 2%（都来自印度），这种差异值得注意。

这个委员会开发的种种方法，经过持续修正之后，业已成为大宗物资抽样的国际标准。

红珠实验的启示摘要

（1）本实验其实是一个稳定的系统。在系统维持不变的情况下，自愿工人产出的水平及其变异，都是可预测的。成本也是可预测的。

（2）所有的变异，包含自愿工人之间产出红珠数量的差异，以及每位工人每日产出红珠数量的变异，都完全来自过程本身。没有任何证据显示，哪一位工人比其他工人更聪明。

（3）工人的产出（白珠），显示为统计控制状态，也就是稳定状态（见图7-3）。工人们已经全力以赴，在现有状况之下，不可能有更好的表现。

（4）我们从中学到，为什么在考绩制度或员工评级制中，将人员、团队、销售人员、工厂、事业部门排序，是错误的做法，它更会打击士气。因为员工的表现完全与努力与否无关，所谓排序，实际上是取决于过程在人员身上的作用。

（5）我们学到，以绩效来决定给付是完全没有意义的。自愿工人的绩效如此低下，甚至失去工作，可他们完全是受到工作过程的左右。

（6）领班给工人加薪或升级，当作是对他们绩效的赏罚。实际上，他所赏罚的只是过程的表现，而不是工人的表现。

（7）这个实验展示了拙劣的管理。由于程序僵化，自愿工人根本没有机会提供改善产出的建议。难怪工厂会倒闭，自愿工人会失业。

（8）每个人在工作上都有责任去尝试改进系统，以提升自己与他人的绩效。红珠实验的自愿工人是过程的牺牲品。在领班的规定之下，他们无从改进绩效（例如以白珠替换红珠，或者以二号勺替换一号勺，都被严格禁止）。

（9）管理者在没有任何基础之下，事先决定了白珠的价格。

（10）检验员彼此独立。这是正确的做法。检验员的结果一致（除了极少例外），显示该检验系统是可靠的。如果红珠的数目是由检验员共同算出的，我们就无法说检验系统是稳定的，而只能说他们会提供数字。

（11）如果管理者能与珠子的供货商协商，降低进料中红珠的比率，将是美事一桩。

（12）即使事先已经知道红珠在进料中所占比率（20%），对于预测产出中红珠占多少比率，并没有任何帮助。因为自愿工人并不是随机抽出珠子，而是采用机械式抽样。机械式抽样法不能告诉我们所抽中那批样本的内涵（参阅《转危为安》第11章）。不过，一批又一批抽出的红珠数，会构成一个随机过程，也就是变异只是由共同原因或机遇原因（chance cause）造成的。

（13）管理者认定，过去表现最佳的3位工人，在将来也会有最佳的表现。这项假设，并没有任何理论依据。3位工人赢得竞赛，已是过去的事，并不足以保证他们在未来的相对表现。管理是预测，而不是从事竞赛。

（14）领班是系统的产物。换句话说，他的思考方式，显然是与管理者的哲学相一致。管理者交给他的职责是：只要生产白珠，而他的报酬依工人的产出而定。

经由本章的说明，读者或许可以利用红珠实验的启示，来反思并了解自己的公司和自己的工作。

休哈特与控制图

　　明智人缄口不言，直等相宜的时候；自夸和愚昧的人，
却不看时机。

　　　　——《天主教圣经·德训篇》第 20 章第 7 节

　　1925 年，我到芝加哥的西方电气公司（Western Electric）的霍桑厂区（Hawthorne Plant）上班，我听到厂里的人谈起贝尔电话实验室[⊖]（Bell Telephone Laboratories）的休哈特（Shewhart）博士（当时该厂区员工约 46 000 人，最多可容纳 48 000 人，其中有 1/4 是检验员）。厂里的人并不了解休哈特博士在做些什么，但知道他是个了不起的人，正在设法解决他们面临的问题。西方电气公司的主旨是追求产品质量的一致性，好让购买其产品的电话公司有信心。当时西方电气的广告词是"酷似如两具电话机"[⊜]（As alike as two telephones）。

　⊖　后来改称为 Bell Laboratories，位于纽约 West 街 463 号。——译者注
　⊜　这是仿英文 be like two peas in a pod（像豆荚内的两颗豆子般相像）。——译者注

公司确实很有诚意，竭尽一切追求质量的一致性，可是结果却几乎是适得其反。还好管理者明智地发现，公司必须寻求外面的协助。

这个任务落在休哈特博士的身上。他发觉西方电气公司员工的做法，是把所有不利的变异都归咎于某种特殊原因，而其实他们所观察到的许多（甚至绝大多数）变异，却是来自共同原因。因此，比较有生产力的做法应该是改善流程。他们的做法，形同不断干预某稳定系统，致使结果愈加恶化。休哈特博士给世界带来科学和管理的崭新视野。

我有幸在 1927 年认识了休哈特博士，之后又多次在纽约的贝尔电话实验室与他碰面；我也曾经在他位于青山潭的家中，夜间相谈甚欢。

我初到西方电气公司报到的早晨，遵照指示找到位于 5 楼的切斯特·库尔特（Chester M. Coulter）办公室。我被指派加入所谓的研究发展部工作，成员约有 200 人。部门负责人是 H. 罗斯巴赫（H. Rossbacher）博士。他非常重视学理，有一次我听到有人向他抱怨某个新计划过于理论化，他的答复是，我们这里如果还有点成就，都是由某些曾被视为过于理论化的研究开始的。他从来不提"实用"这个字词。

寇特先生警告我说，下班汽笛响起的时候，绝对不要待在走道上，否则会被女工的高跟鞋阵踩死，工厂不会留下阵亡记录的。我没有遇到过这种状况，但是却了解他的意思。霍桑工厂有 46 000 位员工，我想其中大概有 43 000 人是女性。

变异的特殊原因与共同原因。关于质量的一致性与不一致性，休哈特提出了新看法供大家思考。他看出变异有两种：源自共同原因的变异以及源自特殊原因的变异。[1] 由于共同原因引起的变异，就长期而言，会使落点都在控制图（control chart）的控制界限之内。变异的共同原因，每日相同，每批相同。变异的特殊原因则很独特，并非共同原因系统的一部分，而可经由落在控制图之外的点所侦测出来。这个想法本身就可说是对于知识的一大贡献。休哈特博士也提出我们在第4章说明过的两种错误，为方便起见，在此重述如下：

错误1：把某一源自变异的共同原因的结果，误认为源自特殊原因而作出反应。

错误2：把源自变异的特殊原因的结果，误认为源自共同原因而未作出反应。

两种错误带来的损失。任何上述错误都会造成损失。我们可以避免其中的一种错误，却无法两者都避免。任何人都可以从这小时起就保持没有错误1的完美纪录。只要把所有不想要的结果都归咎于共同原因即可。再也没有比这更简单的了。然而如此一来，因为错误2所造成的损失的机会，却会变得最大。同样，任何人也都可以决定从这小时起就完全避免错误2，这也是很简单的事，只要将任何不想要的结果，都认定源自某个特殊原因。但是如此一来，又会使错误1的损失最大。

很可惜，我们往往顾此失彼，无法两全其美，使这两种错误都减为零。休哈特博士的另一大贡献，是归纳出一个最佳做法的建议，只要遵循一些法则，就能让错误1与错误2，都只偶尔发生，而使长期间内由这两种错误所导致的净经济损失，降至最低。

为达到上述目的，他创造出他称之控制图，并制定计算控制界限的种种规则。首先将各点绘于图上。如有某一点落在控制界限之外，它就是某特殊原因（他称之为非概率原因）的信号（矫正的操作性定义），显示有采取行动的必要。我们应该设法分辨出该特殊原因，如果它可能再次发生，就应设法消除。另一方面，如果长期间内所有的点都落在控制界限之内，我们便可假设变异是随机的，是由共同原因造成的，并没有特殊原因存在。

休哈特的控制图在很广的范围内作用不错。至今人们所提出的改进建议都还没超越它。

稳定系统：预测。当控制图上没有显示特殊原因时，该过程称为处于统计控制状态，或稳定状态之中。要预测其近期变异的平均值以及界限，可以有相当强的确信度（主观的可靠性）。此时，质量和数量可预测，成本也可预测。这时"及时生产（just in time）也才有意义。

在统计控制状态之下，我们才能谈该过程符合规格的能力。在非统计控制状态之下，过程处于混乱的状态，根本无从预测。

图 7-3 的控制图就是一个在统计控制状态的过程，第 10 章还有更多控制图的例子。其中有一些处于控制状态，另一些则显示是由特殊原因而引起的变异。

布莱恩·乔依纳（Brian Joiner）博士指出（1992 年 7 月 28 日），如果某一会重复发生的特殊原因没被排除，流程不会稳定。而对不稳定的流程，我们无从预测其绩效。

信号错误是可能的。即使特殊原因确实存在，控制图却可能未能将它显示出来。另一方面，也可能误导我们去侦察不存在的特殊原因。

上述两种假信号的发生，都无法算出确定概率（这是对控制图意义的误用）。我们只能说，这两种错误信号发生的风险都很小（在这一点上，有些统计教科书有误导）。

有人认为控制图提供一种显著性检定，即超出控制界限的点，具有"统计显著性"，这也是一项错误。这种假设会妨碍对控制图的了解。其实，使用控制图只是用以达成稳定状态（统计控制状态）的一个过程。

下一步。一旦达到统计控制，也就是长期间内没有特殊原因出现，那么下一个步骤就是改善该过（流）程。当然，前提是：比较改善的成本与经济利益，评估是否值得投资。改善或可界定为：

- 变异缩小

- 平均值移至最佳水平

- 两者都做

改善的成本或许很低，也可能很庞大，远超出可预见的经济利益。

在人的管理上的应用。由于许多教科书的误导，读者往往认为休哈特博士提出的原理，最主要的贡献在于工厂里的控制图。实际上，这项应用仅占工业、教育、政府等各种需求的一小部分。从本书各章节，我们可知休哈特的贡献，最主重要的应用应该是在人的管理方面，本书在许多地方都会提到这一点。

规格界限并非控制界限。如果我们不能分辨控制界限与规格界限的差异，就可能造成重大的损失。规格界限（specification limits）并非控制界限，二者并无任何逻辑关系。控制界限必须由实际的数据计算得出，如同红珠实验的例子，就是依据 6 位自愿工人，每日产出的红珠数目计算而得（见图 7-3）；规格界限则是由人为设定的。

一个处于统计控制状态的流程，虽然落点都在控制界限内，仍有可能产出 10% 的不良品，也就是 100 个产品中有 10 个不符规格，在规格界限之外。事实上，流程处在统计控制状态中，甚至有可能产出 100% 的不良品。

如果有 1 点超出规格界限之外，表示必须对该产品采取行动，例如进行检验，将良品与不良品分开。如果有 1 点超出控制界限之外，表示必须找出流程中的特殊原因，如果它有可能再次发生，就应该予以消除。

我的论点是控制界限与规格界限之间并无任何逻辑关联。一旦流程已达到统计控制状态，我们就能了解流程的现在能力及明天的情况。控制图正是流程与我们之间的对话。[2]

昂贵的误解例子 [3]

例 1。**问题**。请详细说明"符合规格"与"达到统计过程控制状态"之间的差异。老板认为符合规格就够好了。

答案：可以经由好几种方式达成符合规格。

（1）通过仔细的检验，将不良品与良品分开，但依赖检验风险高又费钱。

（2）针对生产流程下功夫，缩小以指定值（nominal value）为中心的变异。

此外，除非流程处在控制状态之中，否则我们根本无法作任何预测。必须所有特殊原因（至少是目前已经发生者）都已查明并且消除，不然没有人敢预测在下 1 个小时流程会发生什么状况。

生产的目标不应只局限于达到统计控制状态，同时也应缩小以指定值为中心的变异，只求符合规格是不够的。

规格界限并不代表我们行动的界限。事实上，如果不断调整过程以求符合规格，反而会造成严重的损失。

由于公司管理者的种种错误想法而造成的损失金额，究竟有多少？他们怎么会知道？

例 2。**错误的方法**。我曾看到一位工人在控制图上画了一点。这张图上有一个控制上限，控制下限为零。我问他控制上限是如何算出来的？他回答说："我们不计算控制上限，我们只是在认为适当的地方画一条线。"

这样做有什么不对？他会使发生错误 1 或错误 2 的概率，比必要情况高。至于会碰到哪一种错误，就没人知道了。

我在一个研讨会上提到这件事，某位与会的女士告诉我说："有些书上就是教我们这样做。"我回答:"拜托,Barbara,一定不是这样,你误解了作者的意思,至少我但愿是如此。"她马上拿了一本书给我,书上确实是这样写的。在以后的3周内,她又陆续给我看了另外3本书,也都有同样的说法。

初学者应慎选良师,否则遇上一知半解者,会造成很严重的损害。

例3。还是相同的错误。我看过一封信,内容如下:

> 本公司经过重组,新聘了一位顾问(显然也是个冒充内行的人),以正式授课和现场应用的方式,来教导与训练有效督导的原理。我们合并了多项工作,废除了过去的生产标准,并且以设备制造商所提供的该设备所能达到的最高速度作为新标准。万一无法百分之百达到标准,现场督导必须负责找出原因。我们的维修、技术以及服务人员,则必须负责解决发现的问题。

那位顾问显然弄错了方向。他用制造商所提供的数字,作为控制下限(行动界限),等于是将共同原因与特殊原因混为一谈,这会使得状况更加恶化,也保证问题会层出不穷。

比较聪明的做法,是先在现有环境之下,使该项设备达到统计控制状态。这时的实际绩效,或许是制造者所说的90%、100%甚至110%。接下来,是持续改进设备及其使用方式。

例4。显而易见,却徒劳无功。有某位大公司的副总裁告诉我,该公司对产品的检验,有一套严格的计划。我问他:如何运用取得的数据,他的答复是:"数据都在计算器内,对我们发现的每项缺失,计算器都有记录及描述。我们的工程师不会终止努力,会一直找出每项缺失的原因,找到才罢休。"

他觉得不解的是，为什么两年来，生产出来的不良管子的比例，一直维持在 4.5% ~ 5.5%？我的回答是："贵公司工程师混淆了共同原因与特殊原因。他们把每一个错误，都视为特殊原因，去追踪、求解（错误 1）。他们在稳定系统中，去找上下变动的原因，结果只是使状况更恶化，根本无法达到目的。"

使用控制图的流程图。图 8-1 显示控制图的绘制步骤及其应用。管理者必须决定在何时及何处使用控制图。工程师与现场操作员则必须负责搜集数据，并绘制控制图，而且发现超出控制界限的点时，要找出特殊原因。一旦达到统计控制状态，管理者可以决定是否还要针对共同原因下功夫，以改进该程序。

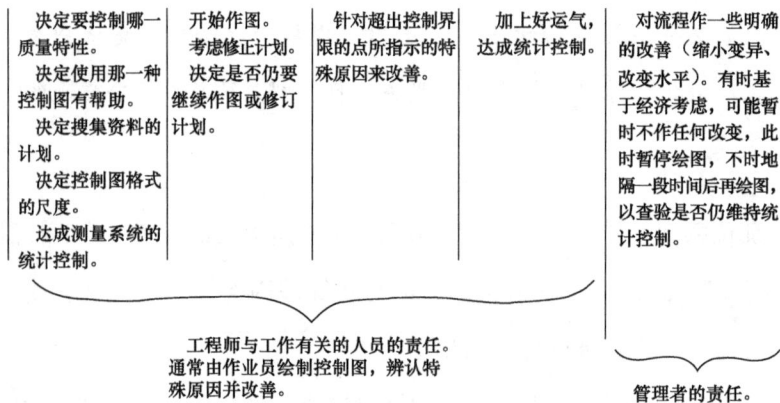

决定要控制哪一质量特性。 决定使用那一种控制图有帮助。 决定搜集资料的计划。 决定控制图格式的尺度。 达成测量系统的统计控制。	开始作图。 考虑修正计划。 决定是否仍要继续作图或修订计划。	针对超出控制界限的点所指示的特殊原因来改善。	加上好运气，达成统计控制。	对流程作一些明确的改善（缩小变异、改变水平）。有时基于经济考虑，可能暂时不作任何改变，此时暂停绘图，不时地隔一段时间后再绘图，以查验是否仍维持统计控制。

工程师与工作有关的人员的责任。
通常由作业员绘制控制图，辨认特殊原因并改善。

管理者的责任。

图 8-1　使用控制图的流程图

区分两种意外事件。意外事件（不幸事件或特别幸运的事件）有两种，分别由不同的原因造成：

类型 1：出自变异的共同原因。

类型 2：出自变异的特殊原因。

为何这种区分很重要？答案是，如果不做这种区分，则努力减少未来不幸事件（或者增加幸运事件）的成果，将会令人失望。

对于类型 1 的意外，我们必须针对产生结果的原因（共同原因）来努力。

对于类型 2 的意外，则必须找出造成该结果的特殊原因，如果可能再度发生，就必须设法消除。如果我们未能区分这两种原因，以致搞错努力的方向，那样只会使得状况更加恶化。现在以表 8-1 加以说明，或许有助于理解。

到底有多少意外是因为"区分责任"引起的呢？没人知道。

表 8-1　努力的效果

努力的方向	发生意外的来源	
	共同原因	特殊原因
针对因果系统（共同原因）	成效良好	成效不佳
针对特殊原因	成效不佳	成效良好

公路上的车祸。公路上的车祸，绝大多数是源自共同原因，如酒醉驾驶。其他一些常见的共同原因还包括：

- 路标不当或识别不清楚。
- 同一条路线上设定不同的限速，如时速 30 英里、65 英里甚至到 75 英里。

路标不当或识别不清楚属系统的过失，必然会导致车祸。不论因酒醉肇事，或路标设置不当、识别不清楚而导致的车祸，都不是特殊原因。

多谈点意外。在一家旅馆工作间的墙上，贴着：

本事业部已连续 7 天未发生意外。

（一天天过去，标语维持不变，还是写着 7 天。）

其他标语：

意外可以避免。

还有：

阁下的安全是自己的责任。

是吗？一天某位顾问爬上海报旁的梯子，想要查看那里一个计量器的刻度，结果梯子却摇摇欲坠。如果跌了下去，一定会摔得四脚朝天。他的安全，真的是他自己的责任吗？

错误的做法。某位检验员抱怨，说在他每周1次的检验中，发现当天早上工厂里有7个装有毒性物质的容器，没有适当的标示——没有警告文字。谁必须为此失误负责？是否应该找出那个人，通知他，这种错误能不再发生。

我请那位检验员提供过去6个月每周的资料，把各点绘成图，结果发现那是一个稳定的系统。如果检验员决定要责备应该负责的人（虽然他不知道是哪些人），要他们背负起责任，这只会使状况更坏——没有警告标示的容器，会比过去更多。想要减少这种情况，必须了解导致未标示容器发生的过程，并改善它。画一张流程图，或许有帮助。

火灾。最好的救火之道，就是不让任何火灾发生。不过，这是一个无法达到的数字目标，因此我们可能要退而求其次，也就是尽量减少火灾的次数。消防队应该设法了解市内或某一区域每周发生火灾的次数，研究这究竟是稳定系统或非稳定系统，以利效率的改进。并不是每一次火灾都是由特殊原因造成的，我们不妨看看以下的实例（见图8-2）。

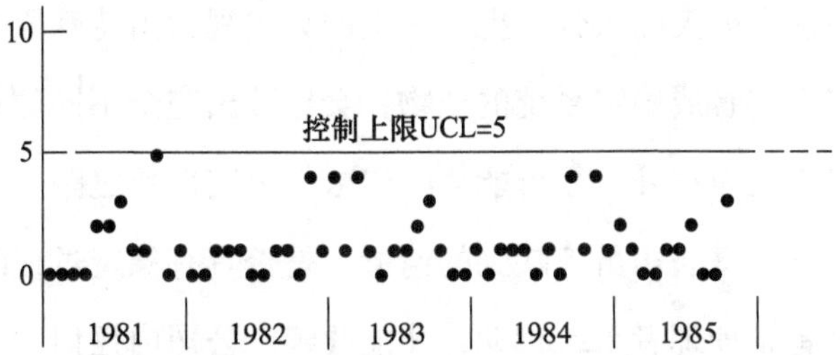

图 8-2　某企业内每月火灾发生次数

　　某公司的总裁收到一封保险公司的来信，内容是，除非该公司能够在未来的几个月内，大幅减少火灾发生的频率，否则保险公司将要取消该公司的投保。

　　公司的总裁自然十分担心。于是他发给全厂 8500 位员工，一人一信，要求他们减少"制造"火灾，否则火险将会遭到取消。他显然误把员工当成火灾的元凶。

　　我取得数据，把数据点绘图（见图 8-2）。我假定火灾发生的次数泊松分布⊖（Poisson distribution），平均每月 1.2 次，由数据库计算出的控制上限是每月 5 次，而图中没有任何一点超出控制上限。

　　假如保险公司的人员具备变异的知识，并绘出图 8-2，根本就不会寄那一封信了。他们应该可以看出，火灾发生的系统是稳定的，同时，保险公司有充分的依据，可以计算出合理的保费，让自己有利可图。

　　我们也可以相当肯定地预测，除非该公司管理者能针对过程，采取降低火灾发生的行动，否则过去使得火灾发生的系统仍会持续下去。

　　透过研究该公司火灾发生的过程，也就是了解变异的共同原因。可能有助于减少未来每月发生火灾的次数。这种做法，不同于把每一次的火灾都看成意外，是由特殊原因造成的。当然，无论是因为什么引起的火灾，我们都要加以扑灭，但是，我们的目标是要减少未来火灾发生的

　　⊖　泊松分布是指稀有事件，如车祸或火灾等发生的概率分布。——译者注

次数。而要减少火灾的次数，把每一次的火灾视为由特殊原因所造成的意外，抑或将它看成稳定系统的产物，会导致出完全不同的对策。如果把每次火灾均视为意外，很可能会阻碍减少火灾次数之路。

其他例子。贵公司员工缺勤的情形，是否具有稳定过程的特性？如果如此，只有靠管理者采取行动，才能改善。公司内任何一个部门或小组，是否在此缺勤系统之外？有特殊原因吗？需要单独研究吗？

供货商交货时间的变异情形如何？贵公司交货给顾客的时间变异，又如何？是呈稳定状况，还是会因特殊原因而延误？如果稳定，如何缩短交货时间？

贵公司的工作意外状况如何？变异稳定吗？数据显示意外是来自稳定的过程吗？有任何意外是由特殊原因引起的吗？

谈点专家业务疏失和医疗失误。每件医疗、工程或会计上的玩忽职守之诉讼案件，都表示有人认为有特殊原因存在，也就是某个人有过失。如果具备一点关于变异的知识，或许会导致不同的结论：事件很可能源自过程本身———些行之已久的方法。

注释

1. 休哈特博士称之为变异的机遇原因（chance causes）与可归咎原因（assignable causes），我采用共同原因和特殊原因，这种用语差异纯粹是教学上的方便而已。
2. 欧文·伯尔（Irving Burr）教授在《工程统计与品管》（*Engineering Statistics and Quality Control*，Mc Graw-Hll，1953）。
3. 4个例子摘自《转危为安》一书，356页之后。

漏斗实验

谴责比忍气吞声好得多，而认错者可免受伤害。
——《天主教圣经·德训篇》第 20 章第 1 节

本章目的。本章的目的，在于举例说明"无知的干预会导致损失"的理论，也就是仅依"结果来管理"制的缺失。实验所需的所有材料几乎在任何厨房都找得到。

所需材料：

- 漏斗一个。一般厨房用的漏斗就可以，因为这个实验并非是实验室级的。
- 一粒弹珠，直径稍小于漏斗，方便通过漏斗。
- 一张桌子，最好铺上桌布，以便能标出目标点，以及弹珠落下后静止的位置。

程序。首先在桌布上标出一点，作为标的。

规则 1。将漏斗口瞄准目标点，将弹珠由漏斗口落下去，在弹珠每次的静止位置标示记号。重复这样瞄准、落下、标示共 50 次。

规则 1 的结果令人失望（见图 9-1）。我们得到近似圆形的轨迹，范围远大于我们的预期。虽然漏斗口一直都是对准标的点，但是弹珠似乎会滚到任何方向，有时很靠近目标点，下一次又落在目标点东北 30 公分，再下次则落在目标点西南 15 公分。

我们一定可以做得更好。为什么不在每次弹珠落下后，再调整漏斗的位置，让下一次的结果靠近目标点？因此，我们订出了规则 2。

规则 2。根据每次弹珠落下后停止的位置，与目标位置之间的距离，将漏斗由现有的位置移动，以补偿前 1 次的偏差（例如弹珠停在目标点东北 30 公分处，则将漏斗由现在位置往西南移 30 公分）。

结果呢，再次令人失望，这次得到的结果，比规则 1 的结果还糟（见图 9-2）。假设偏差可能发生在任何方向，那么依规则 2 的落点所形成的圆形，其直径的变异数，是依规则 1 的直径的变异数的 2 倍。因此，依规则 2 所形成的概略圆形的直径是依规则 1 的大约 41%（$\sqrt{2}=1.41$）。

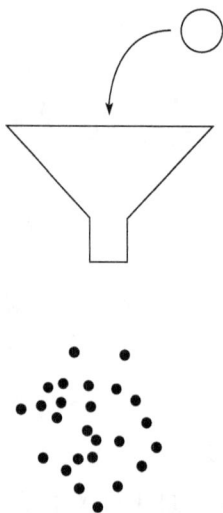

图 9-1　依规则 1 由漏斗投掷弹珠的记录　图 9-2　依规则 2 由漏斗投掷弹珠的记录

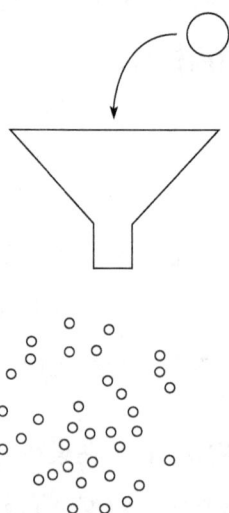

　　规则3。每次于弹珠落下后调整漏斗位置，但以目标点作为移动的参考点。按照落点与标的点的差距，把漏斗移往与标的点等距但相反方向的位置，以补偿前次偏差。规则3的另一种说法是：

　　（1）将漏斗拿到标的点正上方。

　　（2）将漏斗移开，补偿上一次的偏差〔由吉普西·兰尼（Gipsie Ranney）博士所贡献〕。

　　结果更糟（见图9-3）。弹珠的落点来回移动，每次的幅度愈来愈大。只有少数连续落点来回震荡的幅度渐减，其后幅度又恢复愈来愈大。

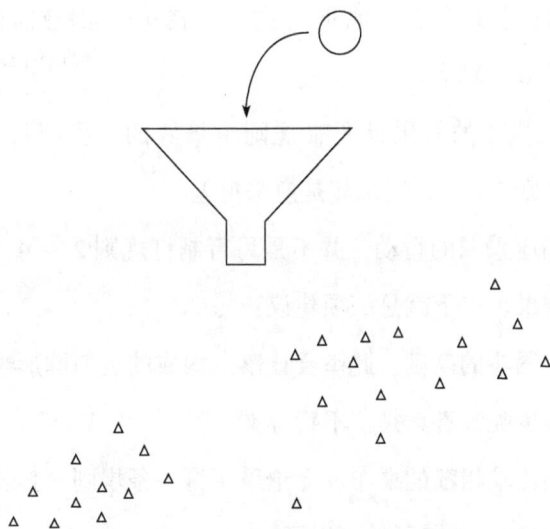

图9-3　依规则3由漏斗投掷弹珠的记录

　　失望之余，我们不再要尝试去建立一条优于规则1的规则，现在只求达到一致性，而不一定要求距标的值的偏差。为此我们建立规则4。

　　规则4。在每次弹珠落下之后，就将漏斗移至该静止点之上。

　　结果更是令人失望。弹珠的落点逐渐走向桌外，有人戏说到云深不知处去（见图9-4）。

规则4可用科罗拉多大学威廉·皮滕波尔（William Pietenpol）教授于1924年所描述的例子来诠释。当时我是他的学生，正在读物理学与数学硕士。

有个人醉得不辨东南西北，却仍希望走回家。他走了几步，步履蹒跚，站直之后，又走了几步，也搞不清东南西北；又走了几步，还是跌跌撞撞。如果这样走下去，他走得愈久，回家的希望愈渺茫。[1]

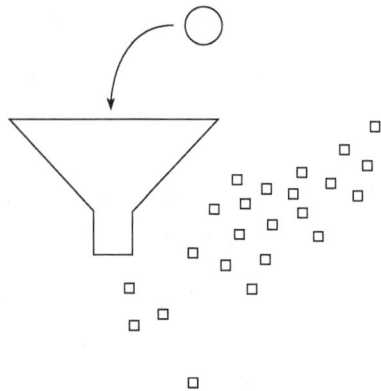

图9-4　依规则4由漏斗投掷弹珠的记录

结论。规则1的效果是所有规则中最好的。我们对规则1不满，因而制定了规则2～4，结果却是愈来愈差。

因此我们应采取的行动，并不是另行制订规则2～4，而是设法改善规则1的结果。以下就是一项建议：

（1）降低漏斗的高度。此举会让落点构成的近似圆形半径缩小。这样做的成本多少呢？答案是"不费分文"。

（2）改用比较粗糙的桌布。无论采用哪一条规则，弹珠都不会滚动多远。成本多少？　11美元便可以了。

干扰实例

规则2

有个人的工作是将铜融液灌入工模中，铸出的铜铸块还热腾腾的，每块重326公斤。每次自动称重的结果，会以斗大的数字出现在他的眼前。如果重量低于 326 公斤，他就以反时针方向调整操纵杆；如果重量超过 326 公斤，他就以顺时针方向调整操纵杆。

他的目的是让每个铜铸块的重量都一致。可惜这位仁兄与他的老板都不知道，他上述的做法，却造成适得其反的结果。他其实是在应用规则 2。他领薪水所做的事，竟然是让结果更坏。

他应该如何做？很简单。把每次产出的铜铸块的重量，逐一点绘在纸上，然后，观察它的趋势，观察是否持续在 326 公斤之上或之下。另一个更好的做法就是，利用重量的平均数与全距［极差（range）］来计算控制上限和下限，并绘制控制图，例如每次将连续四块的值作为一小组，然后计算每一小组的平均数和全距，再画出控制上限与下限，观察各点在控制图的分布情形。如果有超出控制界限的点，追究其特殊原因并设法去除，以免再次发生。如果平均数控制图的中心线与设定的标准重量相差很多，可能就需要调整重量的水平。另一方面，思考一下：原先设定的重量是否合理？这必须要看铜块预定的用途而定。

以下是规则 2 的另一些干扰实例：

（1）某些依据回馈而作调整的机制。[2]

（2）只要一有产品不合规格，就调整流程。

（3）作业员常用的调整方式。

（4）为了目前的产出而调整工作标准。

（5）美国联邦和州的立法单位对经济状况的干预。

（6）美国联邦储备委员会调整利率的方式。

（7）由于单一顾客的抱怨而作出反应（当然，为让顾客高兴，应不计代价）。

（8）证券市场对消息的反应。（见第 10 章）

（9）对谣言的反应。

（10）如果本批的基本原料浓度需要提高 20%，便修改规格，将其浓度要求提高 20%。

（11）径依上一版本的设计，而未参照原始的构想，进行工程变更。

（12）领班在开工前，依据昨日的绩效，重新设定流程。

（13）依据最新的顾客态度调查而改变公司政策。

（14）当奶酪太咸时，将熟化奶酪用的卤水冲淡；而当奶酪不够咸，便在卤水中加盐。

（15）持续依前次税法的错误来修改税法。

（16）持续改变医疗给付水平，每次改变都是想修正前次的错误。

（17）价格战。甲公司大幅降低汽车售价，竞争对手将价格降得更低；甲公司再降低价格，其他公司也再次跟进。价格战何时停止？谁是赢家？也许有某些顾客获利，但社会整体会有损失，因为所有公司将资金都用于折价战中，而没有钱从事研究和改善了。

近似规则 2 的例子。³ 月底时，我们还有一些原料没有用完，因此在下一个月就少订些原料。反之，如果本月底发现原料不足，就改采取相反的动作。我们对于经费，也是如此处理，即依据前一年的状况，来调整本年度的预算。

这算是规则 2 的例子吗？或许是。但是如果剩余或不足是由于经济的萧条或景气，那么前述的反应或许是错的，或许有部分是错的。问题是，一个月的剩余或不足，到底有多少是来自经济状况持续恶化或好转？

规则 3

（1）核子扩散。

（2）贸易障碍。

（3）毒品走私。政府加强查禁，会促使毒品的存量减少，结果市场上毒品的价格上涨。较高的售价又刺激毒品的走私进口，于是政府更加强查禁。这个循环持续不断地进行，而且问题愈来愈严重，不知何时停止。依据《哈珀杂志》的统计：美国每年查获与没收毒品的平均金额：

- 每位稽查员 124 000 美元
- 每条缉毒犬 3 640 000 美元

解决之道：引进更多缉毒犬。

（4）赌徒将赌注加高，希望把输掉的钱赢回来。

规则 4

（1）语言的演化。实例：拉丁语系（意大利语、法语、西班牙语、葡萄牙语）彼此之间的差异，以及它们与原始拉丁语的差异。

（2）未经文字记录而代代相传的历史。

（3）聚集一堂，交换看法（没有外力帮助）。

（4）民谣。

（5）工人连续训练新手。

当然，实际在现场工作的人，确实对作业比较熟悉。但是连续由一位作业员教导下一位新作业员的方式，却可能会造成作业方法愈来愈离谱。比较好的做法是，指定一位作业员负责训练，最好能挑选一位熟悉作业又擅长教学的人。

（6）交响乐团的演奏者一位接一位，依序为乐器调音，而不是依相同音源来调音。

（7）主管集会，商讨面对新经济时代该做些什么。

（8）依据前一批货搭配颜色。

（9）根据上一次会议实际开始的时间，调整本次赴会的时间。

（10）有样学样。在毫无理论基础之下向范例学习。

（11）贴壁纸。

（12）生活成本的调整（cost of living adjustment）。工资依据生活成本来调整，反过来，生活成本又依据工资来调整。

（13）利用上一版的剪裁，作为此一版的样板。

（14）玩"打电话"（telephone），或称"邮递"（post office）游戏。8个或8个以上的人围成一圈，其中某个人向坐在他邻座的人轻声讲一句话，这个人再依样把这句话传给邻座，如此传一圈后，原来的那句话，会变得如何？当然是愈来愈走样。

我问一位女士，现在的工作是如何学会的。她回答：由同样职位的强哥、莉姊、阿美等工人教会的。她做不了多久，就得帮忙训练新手。之后，这位新手又去教后来的新手。

再谈点干预。一个稳定的过程，就是变异没出现特殊原因。依据休哈特的说法，它就是所要测量的特性处于统计控制状态。它是一个随机过程，在近期内的行为可以预测。当然，也有可能发生某种不可预见的变动，而使该过程脱离统计控制状态。唯有过程在统计控制状态时，才具有一个可界定的性质。

假如你经过一番努力，使过程达到了控制状态，那就表示，你已针对超出控制界限的各点，设法逐一找出特殊原因。此外，即使是在控制界限之内，当连续各点出现某些形态时，也可能表示有特殊原因存在，你也必须尝试找出该特殊原因，并且设法将之消除。

一旦已经达成统计控制，下一个困难的问题才开始——改进系统。改进通常就是指降低变异（缩小控制界限）。有时，可能还需要把平均值（中心线）移高或移低。如果想要改进一个稳定的过程，就必须对该过程进行基本的改变。这种基本的改变，有时候非常简单，例如，改善室内的照明。但有时候可能很复杂，甚至所费不菲，需要更高的管理者的授权与花更多的努力。例如，增进客户与供货商高阶管理团队之间的了解。

如果一个系统并不值得花钱改善，那么不如转移心力到其他更值得注意的系统。我们在第 10 章会利用损失函数来研究缩小变异的效果。[4]

即使是稳定的流程，仍可能会产出不良品或发生错误，如果一有这种情况，就对流程采取行动，就是干预该流程。任意干预的后果，只不过是增加未来的不良品或错误，同时也增加成本，结果与我们想要达成的目的，适得其反。

例如在红珠实验中，如果我们在红珠数目过高或过低时，将生产线停止，并试图去找出原因，就是一种干预。为使产品符合规格而装置各种新花样工具，只会是干预，徒增加成本。[5]

追溯过程的源头，乃是找出缺陷与错误的重要着力点。缺陷来自何处？其起因是什么？特殊原因或许并不会再度发生。例如，瓦斯燃烧器的温度过高，损毁了价值 5 万美元的泡沫橡胶。根据一连串线索追踪的结果，发现原因是地下瓦斯的质量出乎意外的好。这时没有必要采取任何行动，因为这种情况在数十年内不会再发生。同时，顾客也很难采取什么措施，来确保将来不会再发生同样的问题。

另一方面，特殊原因或许会再发生。如果这样，除非所需经费过于庞大，否则应采取行动，防范再发生。假如变成周期性（例如每周一早上 10 点）的再发生，则来源的线索就很明确了。如果再发生的情况属偶发性，就需要经过一番侦测才能找到源头。

演示。[6] 为了要以实际数字说明漏斗实验的各项规则，我们不妨把先前的红珠实验中工人每次取得的红珠数，拿来作为例子。假设以红珠数的平均值（9粒）当作标的值，如此一来，可将9粒红珠转换为0，7粒红珠转换为负2，11粒红珠转为2。在4项规则下，第一次投掷都是对准目标，而第一次投掷的结果也都相同。举例来说，在规则1之下，漏斗每次投掷都是对准标的值。我们可以将结果计算如表9-1所示，并以图9-5来表示。

表 9-1

投掷次数	规则 1		规则 2		规则 3		规则 4	
	漏斗位置	结果	漏斗位置	结果	漏斗位置	结果	漏斗位置	结果
1	0	0	0	0	0	0	0	0
2	0	−3	0	−3	0	−3	0	−3
3	0	3	3	6	3	6	−3	0
4	0	2	−3	−1	−6	−4	0	2
5	0	5	−2	3	4	9	2	7
6	0	−5	−5	−10	−9	−14	7	2
7	0	2	5	7	14	16	2	4
8	0	2	−2	0	−16	−14	4	6
9	0	−2	−2	−4	14	12	6	4
10	0	1	2	3	−12	−11	4	5
11	0	−1	−1	−2	11	10	5	4
12	0	2	1	3	−10	−8	4	6
13	0	−2	−2	−4	8	6	6	4
14	0	2	2	4	−6	−4	4	6
15	0	−4	−2	−6	4	0	6	2
16	0	4	4	8	0	4	2	6
17	0	0	−4	−4	−4	−4	6	6
18	0	3	0	3	4	7	6	9
19	0	−1	−3	−4	−7	−8	9	8
20	0	0	1	1	8	8	8	8
21	0	−4	0	−4	−8	−12	8	4
22	0	0	4	4	12	12	4	4
23	0	2	0	2	−12	−10	4	6
24	0	3	−2	1	10	13	6	9

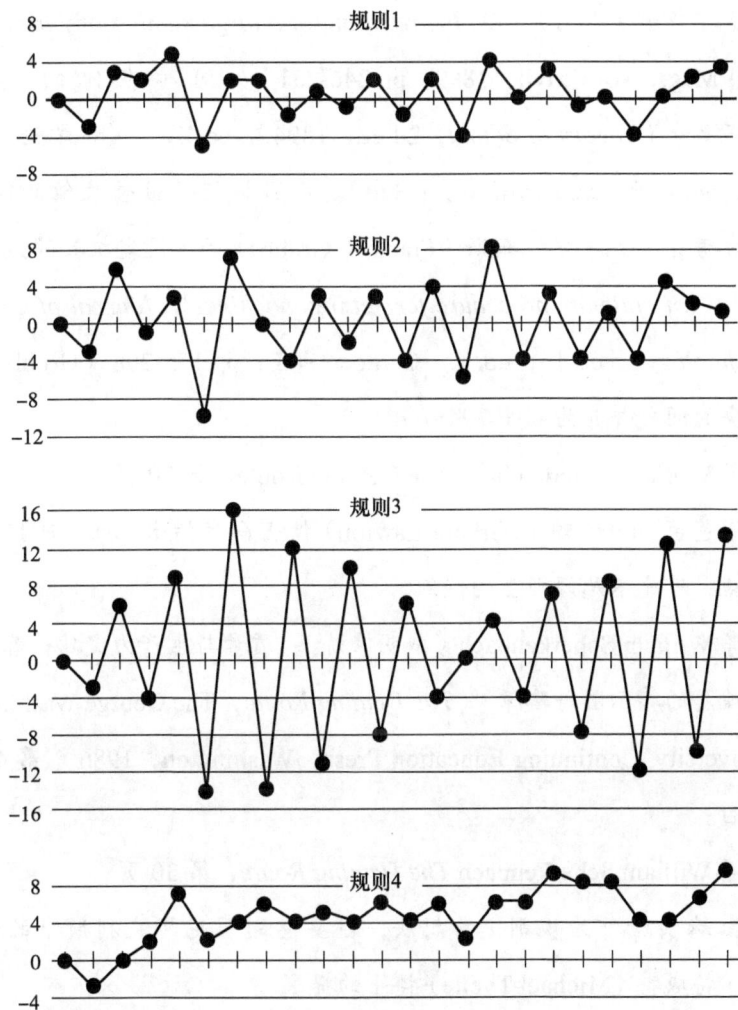

图 9-5 利用第 7 张的红珠实验来说明漏斗 4 规则；规则 1，目标选为 9。（依据表 9-1 "结果" 一栏所绘制的图

注释

1. 这个问题的数学解，参见本人所著《某些抽样理论》（*Some Theory of Sampling*，Wiley，1950，Dover，1984，pp.454-466）文中提到的解释。我引用了瑞利勋爵（Lord Rayleigh）的论文和著作《论大量振动

的数学物理学合力》（*On the resultant of a large number of vibrations*，Phil Mag., vol, xlvii, 1899, pp.246-251）。同时在他的《声音的理论》（*Theory of Sound*, 2d ed, 1894），ec.42a.；《科学论文集》（*Scientific Papers*），vol. iv, p.370）。向目标值作最佳收敛的问题，请参考弗兰克·格拉布斯（Frank S. Grubbs）的《设定机器的最佳程序》（*An optimum procedure for setting machines*），*Journal of Quality Technology*，vol. 15，no. 4.，October1983：pp.155-208.（Grubb 博士解决的问题并非为漏斗实验而作）。

2. 参考 William Scherkenbach The Deming Route，第 30 页。

3. 感谢芭芭拉·劳顿（Barbara Lawton）博士向我指出，此处所描述的措施，可能不是规则 2 的范例。

4. 参考 William Scherkenbach《戴明修炼 I：质量与生产力突破；落实戴明理念的指示图与路障》（*The Deming Route*，The George Washington University. Continuing Education Press，Washington，1986）第 42 页之后。

5. 参考 William Scherkenbach *The Deming Route*，第 30 页。

6. 将红珠实验作为规则 1 的想法，我要感谢明尼阿波利斯市的迈克尔·特威特（Michael Tveite）博士的提醒。

一些变异的教训

跌倒地下，比失言更好。

——《天主教圣经·德训篇》20 章 20 节

本章目的。本章的目的，在于介绍一些浅显易懂的变异道理。变异就是生活，或者反过来说，生活就是变异。没有两个人完全一样；火车或飞机每天到站的时间也多少有些不同；无论搭乘哪一种交通工具上班，每天到达的时间都会不同；对于同样的电阻作多次测量，仪器的读数也必然有变异。

1920 年，在怀俄明大学威尔伯·希区柯克（Wilbur Hitchcock）教授的课堂上，每位工学院的学生必须做 10 块纯水泥块、10 块 2 比 1 [⊖] 的水泥块，以及 10 块 4 比 1 的水泥块。

我们把水泥块泡在水里，让它们硬化。3 个星期以后，每位学生测量所有 30 块水泥块的压碎强度。结果，10 块纯水

⊖ 应指水灰比。——译者注

泥块的测试值都不同，10 块 2 比 1 的水泥块的测试结果也不同。同样，10 块 4 比 1 的水泥块的测试结果也不同。为什么会这样呢？它们都是我们亲手做的，每块都该相同的。我们由此学到了变异，同时也学到变异的一种测度，也就是所谓每批的概率误差（probable error）。

我们在第 4 章提到教师需要了解变异，也好几次谈及变异的共同原因及特殊原因。我们在第 7 章红珠实验看到变异的共同原因。我们也学习到，在人之事管理中，区分共同原因和特殊原因相当重要。

为迟到找理由的小故事。没有学过统计理论的人，无论教育程度多高，往往会把每件事都归为特殊原因，无法了解共同原因和特殊原因的区别。一位在人寿保险公司上班的精算师，每天早上都迟到 12 ~ 17 分钟。他每天总要向同事解释发生了什么事，为什么今天会迟到。对他而言，每天早上都是全新的一天，没有一个早上完全像今天的早上。他从来没有想到，他所面对的是变异的共同原因（除非是遇到意外或大风雪），也从来没有想到，只要提前 20 分钟出门，就可以准时上班。不过，如果他每天都准时到达办公室，或许他的生活就会显得一成不变，就再也没有故事可讲了。

帕特里克，11 岁，与校车。我的朋友托马斯 W. 诺兰（Thomas W. Nolan）博士和我谈天的时候，带着一张他的儿子帕特里克所画的图。我将他的图重画如图 10-1，帕特里克把每天校车到达的时间记录下来，并以圆点标示在图上。他还把校车迟到的 2 天特别画圈标明，并附注原因。想一想帕特里克有个多么好的开始。他在 11 岁的时候，就已经了解变异的共同原因以及特殊原因。他不必计算，就已辨认出校车哪 2 天迟到有特殊原因，并且在他的图上标明出来。

画这种图有什么困难吗？帕特里克在 11 岁时就精通了。事实上，这是他在学校做的科学研究，也是他一生中好的开始。

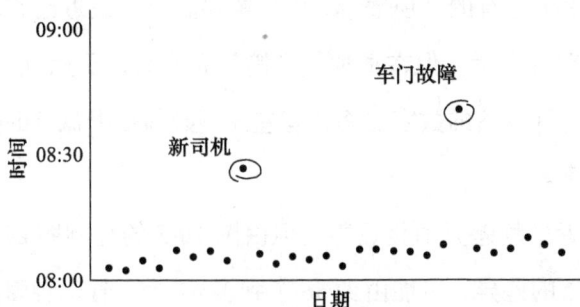

图 10-1 帕特里克·诺兰（11 岁）所绘制的校车抵达时间分布图

由此可见，一些变异理论的精髓，显然在小学 5 年级就可以讲授。学生在离开学校的时候，脑海中有的，应该是知识，而不仅是信息。

哈罗德·霍特林（Harold Hotelling）教授认为，任何人如果不具备一些变异的知识，就不能算是受过教育。

容差，10%。许多公司都允许工程师对于计划的估计费用与实际支出有 10% 的出入，这 10% 是任意决定的，并没有任何根据。图 10-2 是 20 个计划的实际偏误值，以其占估计成本的百分比表示。由图中控制界限显示，这 20 个计划的自然变异，是估计成本的上下 21%。[1]

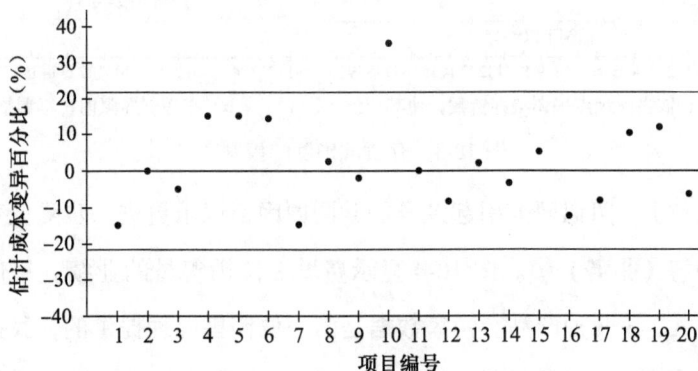

图 10-2 实际成本的控制图

存货，已计算器化的。由于某家制造商的产品式样和颜色相当多，因此存货（手头上有的品项数量）相当重要。公司最近已有新式计算器化系统协助登计存货，但在每种货品销售完成后，仍然进行实地盘点。盘点的数字与计算器的数字之间如有差异，必须根据盘点的数字来调整计算器的数字。

虽然二者平均差异值接近零，但由图 10-3 的控制图 a）可以看出，个别种类存货的差异，可能由少 56 个到多 61 个。管理者因此决定，只有在计算器数字与实际盘点数字上下相差大于 61 个时，才调整计算器数字。控制图 b）显示，这个调整政策执行 1 个月之后，个别种类产品存货的精确度大约改善了 30%，修正后的控制界限缩小为正负 ±43 个，只有超出控制界限时才进行调整。

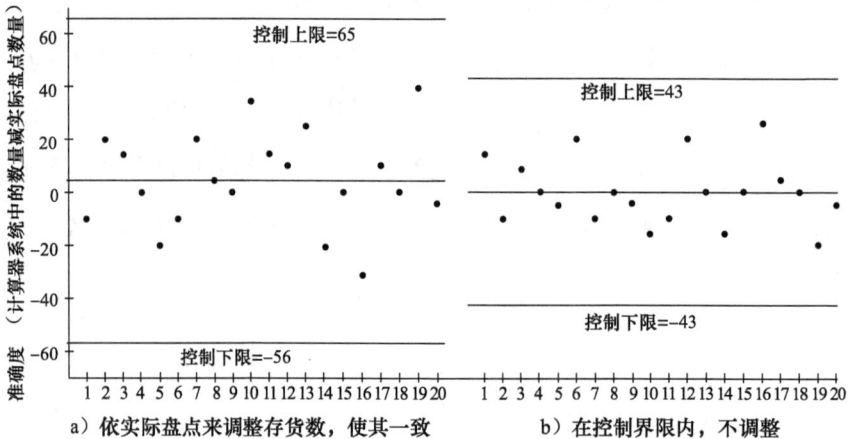

图 10-3 存货准确度的控制图

下一步，可以研究引起差异的共同原因，以求更进一步降低变异。

销售（业务）员。图 10-4 显示费城 8 位销售员的业绩。每位人员都推销 A、B 两种产品。销售数据是由一位销售经理提供的，我把这些数据画在图上。1 号推销员在 A 与 B 两种产品的业绩，显然都与其他销售员有相当的差距，2号销售员作产品 A 的成绩偏低，但是产品 B 的成绩不差。这位销售经理有意换掉 1 号销售员："他显然太不尽责了。"我询问他的推销区在哪里？回答是在坎顿。

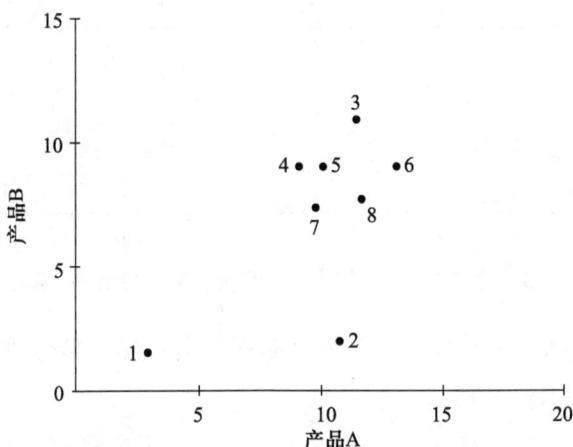

图 10-4　某公司在费城地区 8 位销售人员推销产品 A 与产品 B 的百分比，图中每一点代表一位销售员

　　你想要在坎顿推销这些产品给大盘商和批发商吗？问题可能出在坎顿，而不在这位销售员。他可能比其他销售员更卖力。他可能磨破更多双鞋子，到处按门铃，推销产品，也可能打过更多的电话。但问题或许是出在他的责任区。

　　推销经理应该如何做？如果责任区确实是问题，那么结束在坎顿的营业，或许是个好主意。等到公司的产品质量改进，同时价格下降到一定程度，让销售人员能在坎顿与竞争对手相比时，再重新开始。

　　从贸易赤字的共同原因来的冲击。图 10-5 显示 27 个月的美国贸易赤字，其中的上下变动告诉我们它是一个稳定的过程。然而，它的冲击力却迅速传到全球。当然，未来或过去的变动中，可能有一部分是由特殊原因造成的，也代表我们经济状况真的有了政变。

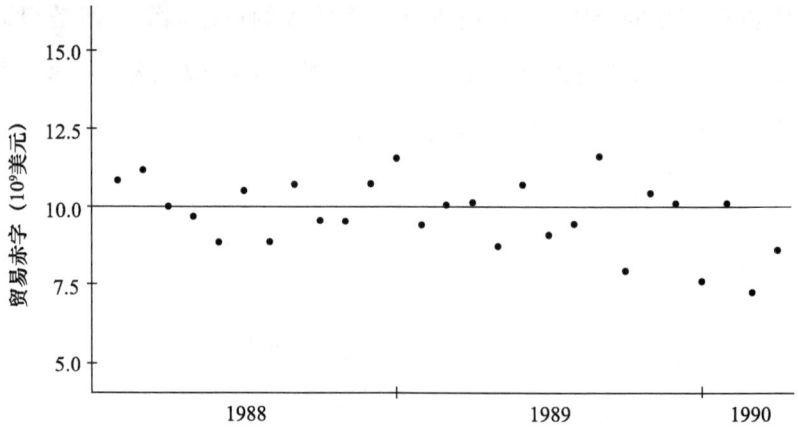

图 10-5　美国贸易赤字过去长期稳定，但可能略呈下降趋势

新闻标题。下列是一些常见的新闻标题，显然是将每月贸易赤字的变动都视为特殊原因。

> 美国7月贸易赤字缩小，为4年来最低，分析师大感意外
>
> 进口增加导致贸易赤字激增
>
> 9月贸易赤字79亿美元，创6年来新低，低于预期水平
>
> 10月美国贸易赤字上升

管理当局的任何人的一项必需的资格是，他面对来自逐日、逐月、逐年的上下起伏的随机变异，都不应该要求部属提出解释〔布莱恩·乔依纳（Brian Joiner）博士，1992年7月28日〕。

简单损失函数案例。举一个简单损失函数例子。譬如某个研讨会的所有人员的产出，以每小时若干元来计算，而损失函数所显示的，是产出依室内温度而改变。本研讨会所有出席人员有各自的损失函数。为了简化说明，假设每个人的损失函数均为一条抛物线，最低点代表产出值最大时的温度（见图10-6）。把所有人员的损失函数相加后，公司整体的损失函数也是抛物线。如果温度偏离最适水平，就会有损失产生。

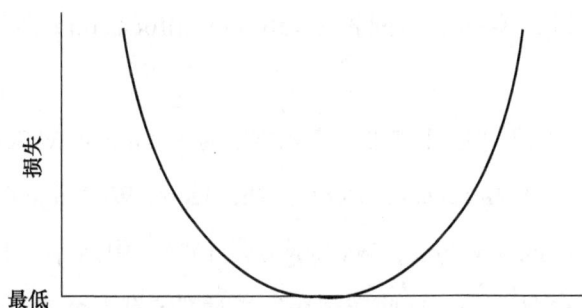

图 10-6　损失函数

该抛物线与横轴相切时，切点的左右各有一小段与横轴几近重合。也就是说，由最适点偏离一小段距离，损失小到可忽略不计。因此，当室内温度比最适温低 2 度或高 2 度时，生产量只会降低非常少，可以忽略不计。

但是远离最适点时，则会有相当的损失。总是有人必须支付这损失，田口玄一（Genichi Taguchi）博士称之为对社会造成的损失（loss to society）（1960 年 9 月）。我们不都曾为某些错误、故障、公司倒闭，乃至不当的管理付出代价吗？

如果我们能够导出有具体数字的损失函数，就可计算室内空调的合理支出。保持温度在最适温 2 度以内的费用是多少？三四度以内又是多少？生产损失与空调费用的损益平衡点在哪里？一般而言，对于损失函数只要有粗略的估计就足够了。

损失函数通常并非对称。有时候其中一边会很陡峭，有时候则两边都很陡峭。举例而言，为了使钢片较容易焊接，需要加入钶。但钶的加入量如低于必要值，只是浪费，对焊接一点益处都没有；然而钶用量如高于十万分之三，也是浪费，因它所能增加的利益相当有限。

我在《企业研究的样本设计》（*Sample Design in Business Research*，Wiley，1960）第 294 页，列出一个实际的损失函数。它显示我们只需要尽量靠近样本的最适配置（optimum allocation）即可。越接近越好。

另一例。以下再引用威廉·谢尔肯巴赫（William W. Scherkenbach）在《戴明修炼 I》（*The Deming Route*，The George Washington University，Continuing Education Press，Washington，1986）中所举的例子。谢尔肯巴赫测量 50 件产品，这些产品在生产时都装有一个辅助小机组，可自动调整，以保证产品符合规格。小机组的确执行了预设的机能，如图 10-7 中"开"所示的理想曲线。谢尔肯巴赫把小机组关掉，再生产 50 件产品，其分布如图 10-7 中"关"所示。因此，任一合理的损失函数将会告诉我们，小机组开着的损失，比关掉时更大。所以就算小机组达到了预定的功能，将它关着反而更好。

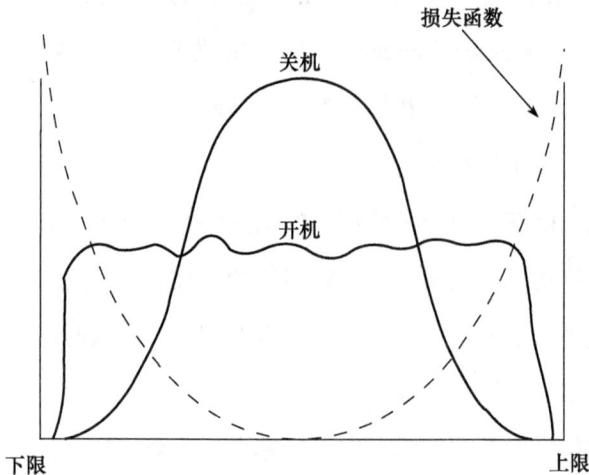

图 10-7　谢尔肯巴赫先生的例子，辅助小机组关机时的损失，显然远低于开机时

这个例子并非否定使生产符合规格的辅助机组，而是要提醒我们，采用辅助机组究竟要做什么？由损失函数的指引，或许会使我们受益不少。

我们应该注意，损失函数不必精确。事实上，并没有所谓精确的损失函数。只要有粗略预测的成本，就已足够发挥它的功能。

符合规格。经过前面的说明，我们应该了解，只是符合规格或无缺点，可能造成怎样的损失。在这种状况下，损失函数如图10-8所示，在两个规格界限上，呈垂直上下，而二者之间则损失为零。采用合格 / 淘汰的测试方式，就是只求符合规格的一例。我们在后面将提到，这种做法可能导致多么严重的损失。

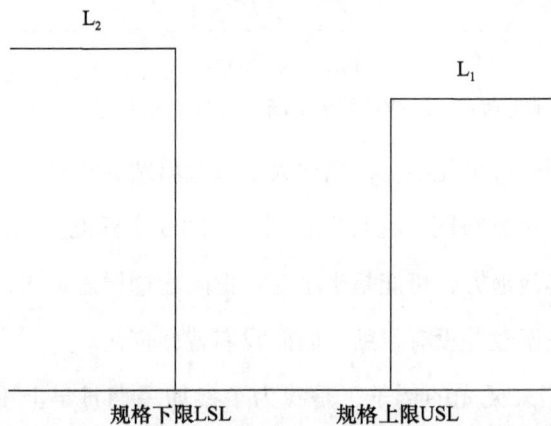

图 10-8 损失函数不连续。只要符合规格，损失即为零，一旦超出规格 L1 或 L2，则损失立即跳升

及时搭上车。再以赶火车或是飞机作为符合规格的例子。假设我们的时间价值为每分钟 m 元，这是图 10-9 左边损失线的斜率；早 1 分钟到达月台，将让我们损失 m 元，早到 2 分钟就损失 $2m$ 元等。另一方面，如果没赶上火车，我们的损失是 L 元。迟到半分钟或迟到 5 分钟，损失是一样的。因此损失函数直接由 0 跳到 L。

每天赶火车是一个重复事件，我们试着画出到达时间的分布曲线，其最右端（3 个标准差界限）恰好为火车离站时间。换句话说，我们应用变异的知识之后，平均每日损失变成图 10-9 损失函数下的阴影部分。[2]

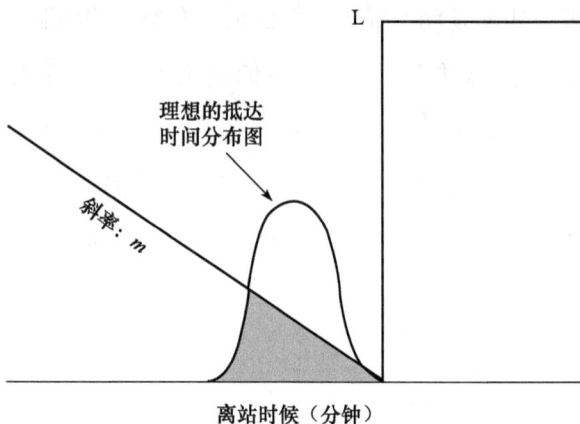

图 10-9　赶不上截止时间的可能损失函数，如果无法赶上，遭受的损失为 L

当然问题也可更复杂化，例如火车每天离站的时间也有变化，所以也可以画出一个分布图。在日本，到站时间 3 个标准差的界限可能是 8 秒钟，但在其他地方，可能是半小时。把问题这样复杂化，对于我们了解和应用损失函数并没有帮助，因此我们就此打住。

另一个不太灵光的例子，是我为了参加星期日早上 11 点 15 分的宗教礼拜，所碰到的停车问题。教堂的停车场可以停 50 辆车子，但这些停车位，在 10 点 50 分左右，仍然客满，因为做完上一场礼拜的车主仍在喝咖啡。等他们一离开，这些空位马上就会被排长龙等待的车队填满。如果我想占到车位，必须及早去排队。晚到的人，在这里找不到车位，必须到街上去找，但街上根本不可能有车位。因此，上策还是提早一点去等，承受等待的损失而能占到车位，总比由于迟到而全盘皆输要好。

这项理论也可以应用至任何计划的截止时间上。某人要求我必须在截止日期之前完成工作，万一未能赶上时限，势必会使计划延误或出错。为了能准时完成，我拟订了工作内容与步骤的纲要。把各步骤的截止时间设为一个时段，比设为固定的时点要好得多。如此，各步骤所花费的时间，可允许出现一些变异，不但较为从容，而且有时间作最后的修订，计划的价值可能因而更为提升。

图10-10为使损失降至最小，应尽量将生产 $P(x)$ 移至名目值，其中 $\mu=0$。

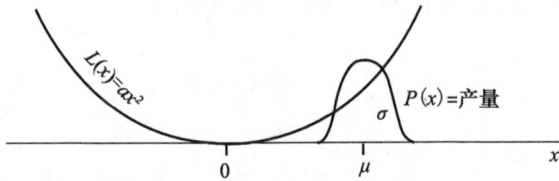

图 10-10 教训，为使损失降至最小，要努力把生产 $P(x)$ 移向名目值，即 $\mu=0$

名目值的优点。我们在这里再次提及一项老生常谈，就是切勿以为符合规格就自满。那么我们该怎么做呢？假设生产函数为 $P(x)$，如图10-10所示。我们的产出水平在最低损失的位置吗？假设损失函数为 $L(x)=ax^2$（抛物线），则 $x=0$ 时，损失为最小。至于生产的损失函数是：

$$\int_{-\infty}^{\infty} L(x)\,P(x)\,\mathrm{d}x=f(\mu,\ \sigma)$$

显然 μ 为零时损失最小。教训：我们努力的，应该是把生产 $P(x)$ 移向名目值，即 $\mu=0$。

以上所叙述的并不是什么新理论。此外，多年前约翰·贝蒂（John Betti）在福特汽车公司所说的一段话，也值得引述。[3]

> 我们美国人关心的是符合规格，相反，日本人则关心一致性，尽力逐渐减少与名目值的变异。

教训：某项产出的分布（dispersion）量度本身，并不能作为成就的指标。事实上，中心所在的位置更为重要。我们当然应该努力使任何生产的分布尽可能缩小，但是那只是第一步。下一个重要的步骤是使中心位置在目标值上。

这些简单的说明，可促使我们了解，如 C_{pk} 这种测度散布情况的测度毫无价值，因为对评估损失而言，一点意义都没有。此外，只要放宽规格，就可以使该值低至任何数值。

不论是符合规格、零缺陷或其他秘方，全都没有切中要点［唐纳德·惠勒（Donald J. Wheeler）1992 年的论断］。

注释

1. 以下多处引用托马斯 W. 诺兰（Thomas W. Nolan）和劳埃德·普罗沃斯特（Lloyd Provost）《了解变异》（*Understanding Variation*，*Quality Progress*，May 1990，pp.73-76）。

2. 阴影部分并不代表真正的损失，而只是显示损失的来源。要计算真正的损失，可参见亨利 R. 尼夫（Henry R. Neave）《戴明向度》（*The Deming Dimension*，SPC Press，Knoxville，1990，Ch.12）。

3. 此引言也出现在《转危为安》第 49 页。

物品与服务的持续采购

企业是依照价格标签而运作的吗？我们在此考虑一些世界。任何定理在它自己的世界中都是真的。不过我们处在哪一个世界中？哪一个与我们有所接触？这才是问题的根本所在。

世界 1

（1）顾客知道自己需求，并且能将需求，用规格或其他要求说明传达给供货商。

（2）要考虑的只是支付的价格：完全没牵涉其他成本。

（3）有好几家供货商都毫无疑问能够符合规格，彼此平分秋色，均分市场。

（4）供货商之间的差别，完全在于报价上。在考虑了运输及其他交易成本后，其中一家的价格最低。

（5）顾客对各供货商并无任何亏欠或偏见。

在此世界中，如果不和报价最低的供货商作生意，一定是个傻瓜。

我们有时面对的正是这种世界，最切身的例子就是包装食品。在方便去采购的三家杂货店中，售价最便宜的，一定会被我们挑出。

世界 2

（1）顾客知道自己的需求，并且能将所需的，用规格或其他要求说明传达给供货商。

（2）有好几家供货商或采购中介都毫无疑问能按照规格供应。

（3）他们的报价都相同。

（4）然而，其中一家的服务较好。他备有存货，或是可取得存货供应。他的交货承诺可靠。当他说这个星期四交材料后，就会在本周四准时送到，不会推脱说是下周四。送货的车辆一定是对的那种、车辆清洁。他还会请专人在进料处指导顾客：该如何卸货以避免毁损，或是提醒顾客注意温度、湿度、存放方式，以免材料变形或老化。

在世界 2 中，顾客必然会选择服务最好的供货商。[1]

糖是个例子，不会有人关心糖是哪家公司制造的。不管谁制造、谁出售，糖就是糖，成分不会有什么不同：99.8% 焦糖，0.2% 其他糖。所有 6 个商家的报价都一样，都是"大宗商品交易所"列示的现货价格。

世界 3

（1）如同前面两种状况，顾客知道自己的需求，并且能将所需的，用规格或其他要求说明传达给供货商。不过，顾客可能会听取供货商的建议，或可考虑变更某些规格。

（2）顾客采购的价格并非他们唯一的成本。其他要考虑的还包括使用成本、采购的原料在制造过程中是否合用、最终出货的质量如何等。

（3）供货商的报价各不相同，其他交易的条件也都不一样。有的会注意每批交货数量、需求的波动，以及从订货到交货所允许的期限。有的则愿意建立长期合作关系，目的是要配合顾客在制程各阶段使用原料的情况（当然可能是在此装配），供需双方共同努力作必要的安排，以期能使顾客提高绩效、降低总成本。

在世界3，顾客可能会难以选择供货商。或许可先将生意同时分给两三家，再进一步考虑，不失为明智之举。

顾客最终的目的是质量持续改善，成本不断降低。因此就每一单项，明智地减少供货商家数，签订长期合约，这个做法看来应该是正确的。

谈双向的合作。我们在此先行打住，想一想现实世界里实际的情况。任何值得往来的供货商，对于产品的认识，都一定非常深入，连要使用这些产品的顾客都比不上。

如果顾客与供货商能形成一个系统，使双方均能双赢，获致最佳成果，这当然是好事。但合作是双向的，顾客能善尽义务吗？顾客的知识只差强够用来应付一家供货商，如果每种产品都有两家供货商，他可能会难以应付。两家供货商都不会对顾客忠诚。他们都会以自己的利益为先。因此顾客就同一项产品，去与好几家供货商往来，对自己并不利。

此外，供货商唯有能确保取得顾客长期关系的承诺，才能为系统的最佳化而努力。如果合约只有一年，供货商可能才把办公室整修完毕，业务又已经落到竞争者的手里了。

每一个项目同时有好几家来供应，彼此之间竞相以低价争取顾客（某些作者提倡的见解），这听起来是不错的想法，但事实上，即使有长期合约，这种想法也不过是空谈而已。顾客与供货商之间将建立起良好的关系可能性都会破坏。这种损失，属于无法预料的一例。

单一供货商之选择，主要考虑的因素

某家有潜力的供货商是否有足够的供货能力？如果没有，就不够格列入单一供货商的考虑之列。事实上，两家以上供货商的产能，都被要求全产能出货的情况并不罕见，我见过由 6 家全力供应的。

如果某家供货商为应付顾客的需求，必须在短期间内扩充产能，对双方都未必是好事，因为质量会不稳定，交货会不准时，即使只是短期的阵痛，都很难承受。

骤然实行单一供货商制，显然并不足取。这会有风险。要慢慢来。这种关系无法仓促建立。明智的顾客对于候选厂商会先考虑一些因素，诸如：

- 过去表现的记录。
- 有产能和能力来满足顾客需求。
- 它的管理团队是否实行新的管理哲学？
- 劳资关系。
- 管理阶层变动情况。
- 该公司在教育与培训上花多少钱？
- 工厂现场员工流动率。
- 是否预支过员工退休基金？
- 向银行贷款的利率多少？利率高低显示银行对这家供货商的风险评估。
- 与供货商的关系是否良好？还是有摩擦？
- 是否倚赖检查来控制质量？还是有一套持续改善过程的系统？
- 所有者是谁？如果连所有者都不清楚，你敢和他往来吗？

- 身为顾客，对它的重要性如何？是否只占它营业额的一小部分？

- 这家供货商对我们的重要性又如何？

- 很重要的一点是，这家供货商热切期盼在长期关系上与我们合作，而且能发挥专业知识，并愿意实行新的管理哲学。

对任一品项都采取单一供货商的优点。如果顾客与单一的供货商都能各尽其责，为系统的最佳化而努力，那么双方建立起长期关系，或许是明智之举。

这样做的好处有：

（1）顾客与供货商共同为彼此的利益与满足而努力。

（2）质量、设计、服务不断改善。

（3）成本持续降低。

（4）双方获利提升。

顾客与供货商的义务。实行单一供货商制是一种运动了，也许有些力道过猛。但怕的是，许多人可能尚未了解本身应尽的义务，就贸然建立这种关系。顾客对单一供货商有明确的责任。他必须专心致力于供货商的关系达成最佳状态。对顾客与供货商双方而言，这可能都是一种新的关系。

以前那种只依价格标签做生意的方式，各家供货商为了短期合约（常见的是一年期）而相互竞争。成为单一供货商时，所面对的将是一种新生活，他再也没竞争对手可注意。他与顾客单独面对新局面。[2]

顾客对这家单一供货商有义务，要对问题保持接触，要协助他。供货商在交完货、验收之后，责任就已了的时代已经过去了。

现在常见的做法是，供货商职员都会注意顾客使用的情形和反应，设想如何降低使用时的不良率。反之，顾客也会拜访供货商，了解他的问题并提供协助。

我曾问过一位 Fiero 公司的工厂经理 Ernest Schefer 先生，贵厂里每天有多少供货商来访？他说大概 30 位。"过去除非我们抱怨质量不良，威胁要断绝往来，否则供货商根本不会来。"

一天要好好接待 30 家供货商，导引、陪伴、简报、引见、共餐、款待，这可不是一件轻松的事。

单一供货商的常见恐惧。一般人都认为，单一供货商一有机会，就会胁迫你，抬高价格。事实上，这种情况根本不曾发生。当然，供货商可能因无心之过，而在预测上低估了成本。他会很尴尬，只好恳求顾客帮忙，不然，他可能必须关门大吉。

供货商是顾客自己选的，顾客会挑一个一有机会就要挟自己的厂商吗？他能和这样的供货商建立互信而愉快的长久关系吗？

碰到灾难时，怎么办？万一因为失火、罢工、天灾，或是被人收购，致使供货商结束营业呢？答案很简单，麻烦是一定会有的，除非我们不是生在这个世上。如果你的每一个品项都有两家供货商，那么他们碰到天灾人祸而停产的总概率，只会加倍。如果你想找更多的麻烦，就和多几家供货商来往吧。

如果某项重要原料的单一供货商遭逢巨变，顾客该如何处理呢？赶快出门或拿起电话，找出另一家暂时或永久取代的供货商。这不是开玩笑，因为这种状况的确会发生。

有人认为，这时可以找单一供货商，请求安排一位竞争厂商协助提供所需的原料或服务。这种想法颇有道理，因为如果单一供货商当初是因条件优越而中选，那么他一定比顾客还了解竞争者的状况以及其实力，也知道他们的产品和自己的有什么差异。

工程变更。顾客工程变更或有其他改变，可能导致供货商成本提高，该如何处理？

如果供货商已经储存了大批原料的存货，顾客就有责任协助解决问题。顾客应该买下这些原料，或是协助供货商卖掉。利用贸易杂志刊登信息，会是处理多余存货的有效方法。

举例来说，某家国外公司购入了大量特殊钢条存货，几星期之后，却得知客户计划有变，这些钢条将成为多余的存货。这时客户应协助这家国外公司出售存货，而供货商也可以与一些竞争同业打电话联系，也许其中有一家正好需要这类钢条。

注释

1. 这一想法是拜詹姆斯·谢尔曼（James Sherman）先生之赐，他当时是金佰利公司尼纳厂的采购经理。谢尔曼先生在美国和加拿大的运货月台共有53个，而每一处月台都只有一部外出的车辆。他预期这一台车辆可提供良好的服务，在这辆车的服务范围之外，能够与其前方的车辆做好互补的良好安排。谢尔曼先生愿意给这辆车好待遇，好让它完成所需的服务，并可以从中赚些利润。

2. 这段承蒙贾德森·科德斯（Judson Cordes）先生在1986年给予的协助，他当时是通用汽车公司奥兹莫比尔引擎厂的经理。

彼得·德鲁克全集

欧洲管理经典 全套精装

管理人不可不读的经典
"华章经典·管理"丛书

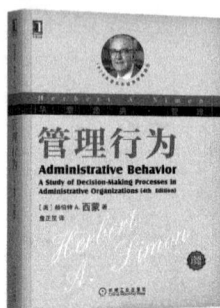

书　名	作者	作者身份
科学管理原理	弗雷德里克·泰勒 Frederick Winslow Taylor	科学管理之父
马斯洛论管理	亚伯拉罕·马斯洛 Abraham H.Maslow	人本主义心理学之父
决策是如何产生的	詹姆斯 G.马奇 James G. March	组织决策研究领域最有贡献的学者
战略管理	H.伊戈尔·安索夫 H. Igor Ansoff	战略管理奠基人
组织与管理	切斯特·巴纳德 Chester Lbarnard	系统组织理论创始人
戴明的新经济观 (原书第2版)	W. 爱德华·戴明 W. Edwards Deming	质量管理之父
彼得原理	劳伦斯·彼得 Laurence J.Peter	现代层级组织学的奠基人
工业管理与一般管理	亨利·法约尔 Henri Fayol	现代经营管理之父
Z理论	威廉 大内 William G. Ouchi	Z理论创始人
转危为安	W.爱德华·戴明 William Edwards Deming	质量管理之父
管理行为	赫伯特 A. 西蒙 Herbert A.Simon	诺贝尔经济学奖得主
经理人员的职能	切斯特 I.巴纳德 Chester I.Barnard	系统组织理论创始人
组织	詹姆斯·马奇 James G. March	组织决策研究领域最有贡献的学者
论领导力	詹姆斯·马奇 James G. March	组织决策研究领域最有贡献的学者
福列特论管理	玛丽·帕克·福列特 Mary Parker Follett	管理理论之母